Verzieren und Restaurieren durch Découpage

JOANNA JONES

Verzieren und Restaurieren durch Découpage

Eine praktische Einführung
in die Kunst der Découpage

Techniken • Projekte • Gestaltungsideen

MOSAIK VERLAG

Meinen beiden bezaubernden Nichten Vicki und Dani,
und natürlich dem ebenso bezaubernden Governor gewidmet.

Die Originalausgabe erschien 1993 unter dem Titel
Decorative Découpage
bei Merehurst Limited, London
© 1993 Merehurst Limited, London

Redaktion: Miren Lopategui
Layout: Maggie Aldred
Fotos: Jon Bouchier
Arrangements: Joanna Jones

Der Mosaik Verlag ist ein Unternehmen
der Verlagsgruppe Bertelsmann

© 1995 für die deutsche Ausgabe Mosaik Verlag GmbH, München
Übersetzung: Ursula Bischoff, München
Satz: Filmsatz Schröter, München
Printed and bound in Singapore
ISBN 3-576-10448-8

INHALT

Einführung

Das erste Découpage-Objekt, das ich zu Gesicht bekam, war eine schwarze Briefablage, prachtvoll mit Primeln, Glockenblumen und fliegenden Vögeln in Pastellfarben geschmückt. Der dekorative Effekt machte mir den Mund wäßrig, und das Oberflächenfinish war so perfekt, daß ich die Motive zunächst für handgemalt hielt.

Jahrelang sollte diese Ablage der künstlerische Maßstab für mich und meine Schüler sein, bis ich eines Tages in einer namhaften Antiquitätenausstellung einen italienischen Schrank aus dem 18. Jahrhundert entdeckte. Es war eine Découpage-Arbeit mit modernen, handkolorierten Drucken. Die Farben, Creme und Türkis, befanden sich angesichts des Alters in sehr gutem Zustand, doch die Motive waren unsauber ausgeschnitten, nachlässig koloriert und mit einer äußerst dünnen Lackschicht überzogen. Doch die Gesamtwirkung des Möbels war trotzdem phantastisch.

Es wurde viel über die »beste« Découpage-Technik geschrieben, und auch einige Projekte in diesem Buch streben nach Perfektion. Doch seit ich den antiken Schrank gesehen habe, gebe ich offen zu: Wenn Ihre Arbeit Schwung und Stil erkennen läßt, wird niemand ein paar Schichten Lack vermissen!

Natürlich ist es ratsam, daß Sie sich beim Ausschneiden, Kolorieren und Aufkleben der Papiermotive die größte Mühe geben, aber die Arbeit sollte nicht zu einer solchen Plage werden, daß Sie die Freude daran verlieren. Sobald Sie Spaß und echte Begeisterung empfinden, erhält das Endergebnis seinen ureigenen Glanz und Reiz!

Geschichte der Découpage-Arbeiten

Die Geschichte der Découpage-Arbeiten läßt sich mindestens auf das 17. Jahrhundert zurückdatieren. Die Chinoiserie, ein Dekorationsstil mit chinesischen Motiven, erfreute sich damals ungeheurer Beliebtheit. Ein perfektes Oberflächenfinish war daher sehr wichtig, um Möbel im Stil der handbemalten und hochglanzlackierten Importwaren zu fertigen, die aus dem Orient nach Europa gelangten.

Aus verschiedenen Gründen entwickelte sich die Nachfrage nach dem begehrten Lackmobiliar zu langsam für die Modebewußten, die ihr Heim unbedingt damit schmücken wollten. Da kamen Kunsthandwerker auf die Idee, Drucke mit chinesischen Motiven von Hand zu kolorieren, auszuschneiden und auf den entsprechend entworfenen Möbeln zu fixieren. Dann überzog man die Motive mit so vielen Klarlackschichten, bis sie sich nicht mehr von handgemalten unterscheiden ließen.

Auch in Venedig wurden Découpage-Arbeiten nicht nur eine annehmbare Alternative zu handbemalten Möbeln und Dekorationsobjekten, sondern darüber hinaus zur neuen Freizeitbeschäftigung vieler Damen von Stand, die über die entsprechende Muße verfügten.

Es ist zwar verbürgt, daß Découpage-Arbeiten um 1780 am französischen Hof der »letzte Schrei« waren, aber ich kann mir kaum vorstellen, wie Marie Antoinette und ihresgleichen mit solch prunkvollen Gewändern und kunstvoll aufgetürmten Frisuren eine Lackschicht nach der anderen aufgetragen haben. Das gilt auch für die zerbrechlich wirkenden Damen des Viktorianischen Zeitalters mit ihren Wespentaillen, die sich von der Découpage-Kunst ebenso angetan zeigten: Ihre Spezialität waren riesige Paravents, mit »scraps« beklebt (die unseren früher fürs Poesiealbum gesammelten und heute auf Flohmärkten und in manchen Schreibwarengeschäften wieder erhältlichen Rosenbildchen gleichen).

»Tatort« muß damals ein Geräteschuppen gewesen sein … die Hobbykünstlerinnen wären sicher nicht imstande gewesen, inmitten all der ausgestopften Vögel und Roßhaarsofas mit Klebstoff und Lack zu hantieren!

Marie Antoinette und die Damen der Viktorianischen Epoche haben sich vermutlich nicht den Kopf darüber zerbrochen, mit wievielen Lackschichten sie ihre Papiermotive versiegelten. Sie hatten einfach Spaß am gesamten Prozeß, und das spiegelt sich in ihren wundervollen Arbeiten wider.

Ich hoffe, daß auch Sie die Kunst der Découpage genießen werden und nicht zuviele Gedanken daran verschwenden, ob jeder einzelne Handgriff hundertprozentig richtig ist. Es ist nichts dagegen einzuwenden, wenn Sie ein Hochglanz-Finish mit 30 Lackschichten anstreben; aber Sie müssen auch kein schlechtes Gewissen haben, wenn Sie schon nach zwei- oder dreimaligem Lackieren mit dem Ergebnis zufrieden sind. Die Entscheidung liegt ganz allein bei Ihnen!

Ausrüstung und Material

Die Découpage-Ausstattung läßt sich in zwei Kategorien unterteilen. Zur ersten gehören Klebstoff, Farbe, Pinsel, Klarlacke usw., die man in Heimwerkermärkten und Läden für Künstlerbedarf kaufen kann. Zur zweiten Gruppe zählen Möbel oder Gebrauchsgegenstände zum Dekorieren und originelles Geschenkpapier, Drucke und Illustrationen in alten Büchern, aus denen Sie die Motive ausschneiden. Ausrüstung und Material auf beiden Listen ist nicht schwer zu finden; im Gegenteil, möglicherweise müssen Sie ein weiteres Regal in der Garage aufstellen, um alles unterzubringen!

Ausrüstung und Material

Zuerst brauchen Sie natürlich Dekorationsobjekte. Aber das dürfte kein Problem sein, weil sich für die Découpage beinahe alles verwenden läßt, ungeachtet des Alters oder der Materialbeschaffenheit. Ich persönlich ziehe alte Stücke vor, die ich in Trödelläden und auf Flohmärkten aufstöbere. Aber auch Kunstgewerbeläden sind eine ausgezeichnete Quelle für Gebrauchs- oder Schmuckgegenstände aus Holz oder Karton, wie die Hutschachtel in diesem Buch.

Wenn Sie Stoff statt Papier verwenden, können Sie die Découpage-Techniken erweitern und unansehnlichen Möbeln und Körben ein neues Gesicht geben, während der Potichomanie-Variante – dem Bekleben und Lackieren von Glasplatten, Lampen und Geschirr – buchstäblich keine Grenzen gesetzt sind. Ich habe in diesem Buch ein Découpage-Fries beschrieben, aber es gibt keinen Grund, nicht auch Mobiliar und Fußboden mit einem solchen Zierstreifen zu versehen. Sie können sogar der Sixtinischen Kapelle Konkurrenz machen und Engel rund um die Zimmerdecke fliegen lassen.

Sobald Sie entschieden haben, welches Werkstück Sie bearbeiten wollen, müssen Sie sich überlegen, welche Spezialausrüstung Sie brauchen (siehe unten).

Quellen für Papier-Ausschnitte

Geschenkpapier ist heute sehr dekorativ und von so guter Qualität, daß man sich versucht fühlt, sich nicht mehr nach anderen Quellen umzusehen. Aber man kann vielen herrlichen Motiven in alten Kinder- oder Gartenbüchern auf die Spur kommen, ganz zu schweigen von Kalendern und Plakaten. Wenn Sie die Augen offenhalten, werden Sie bald eine umfangreiche Motiv-Sammlung angelegt haben.

Es gibt inzwischen auch einige Découpage-Bücher mit hervorragenden Schwarzweiß- oder Farbdrucken, die Sie ausschneiden oder in vergrößerter oder verkleinerter Form fotokopieren und immer wieder verwenden können.

Sie müssen sich nicht auf Bilder beschränken,

denn überall sind dekorative Landkarten oder Stadtpläne, Kalligraphien, Hieroglyphen-Schriften und Bordüren erhältlich. Die ursprünglichen traditionellen Papier-Sammelbilder aus dem Viktorianischen Zeitalter sind in England in vielen Läden erhältlich. Rosenbildchen, die deutsche Entsprechung, findet man oft in Trödelläden, auf Flohmärkten und in neuer Form, als Bögen, in Kaufhäusern und großen Schreibwarengeschäften.

Verzichten Sie auf Papiermotive, die auf der Rückseite kräftig bedruckt sind. Der Klarlack zum Versiegeln ist zwar eine Hilfe, aber es besteht immer die Gefahr, daß der Druck durchscheint und Ihr Design zerstört.

Pinsel

Kaufen Sie immer Pinsel von allerbester Qualität. Der Lohn besteht darin, daß Sie nicht dauernd Borsten aus Farbe oder Lack fischen müssen und in der Regel ein glatteres Oberflächenfinish erzielen.

Anstrichpinsel. Ich nehme handelsübliche Flachpinsel, 2,5 bis 4 cm, für alle Ölfarben.

Stupfpinsel. Für Dispersionsfarben benutze ich runde Pinsel aus weichem Haar. Man muß sich anfangs daran gewöhnen, da sie »nachzugeben« scheinen, aber sie sorgen für eine herrlich glatte Oberfläche.

Lasurpinsel. Sie können spezielle Lasurpinsel kaufen, aber ein kleiner Flachpinsel reicht aus, vor allem, wenn Sie eine Sorte mit dichten, seidigen Borsten erstehen. Diesen Pinsel sollten Sie dann ausschließlich zum Lackieren verwenden.

Malpinsel. Wenn Sie Acrylfarben verwenden, sollten Sie einen Pinsel eigens dafür anschaffen, weil feinere Pinsel, z. B. aus Marderhaar, hart werden. Zum Aufrühren der Künstlerölfarben aus der Tube brauchen Sie einen Schweineborsten-Pinsel (oder einen anderen mit harten Borsten) in mittlerer Größe.

Klebstoff

Weißleim ist ein elastischer, relativ schnell trocknender Klebstoff, der getrocknet transparent wirkt. Er kann nicht nur zum Aufkleben der Ausschneidebilder, sondern auch in verdünnter Form als Klarlack, zum Versteifen und bis zu einem gewissen Grad zum Versiegeln verwendet werden.

Holzleim löst die meisten Haftprobleme, wenn Sie Möbel oder Gebrauchsgegenstände aus Holz bearbeiten.

Sprühkleber trocknen sehr schnell und sind für manche Arbeiten sehr nützlich. Ich persönlich ziehe den zwar weniger sauberen, aber dafür vielseitigen Weißleim vor.

Farben, Primer (Haftgrund) und Vorstrichfarbe

Haftgrund sollte bei rohem neuem oder angelaugtem Holz verwendet werden, um es zu versiegeln und zu verhindern, daß nachfolgende Farbschichten in die Maserung eindringen. Neues oder unbemaltes Metall, das an- oder wieder abgeschliffen wurde, sollte ein- bis zweimal mit Rostprimer (Antirost Rotbraun) grundiert werden.

Vorstrichfarbe. Es empfiehlt sich, neues oder angelaugtes/angeschliffenes Holz stets mit Vorstrichfarbe zu grundieren. Diese Vorarbeit ist nicht immer erforderlich, wenn Sie auf einem sauber gestrichenen oder lackierten Untergrund arbeiten, es sei denn, Sie benutzen besonders tief eindringende Farbe.

Dispersionsfarbe trocknet relativ schnell. Verdünnt und schichtweise aufgetragen, bildet sie einen hervorragenden Untergrund für Découpage-Arbeiten. Sie ist jedoch porös und muß vor dem Dekorieren mit Acryllack versiegelt werden.

Anstrichfarben auf Ölbasis sind mit mattem, Seidenmatt- und Hochglanz-Finish im Handel. Letztere eignet sich weniger für Découpage-Arbeiten, und die Palette der Mattlacke ist begrenzt, so daß oft nur Seidenmatt- oder Mittelglanz-Glasur übrigbleiben. Ölfarben haben eine strapazierfähigere Oberfläche als Dispersionsfarben, und ich verwende sie für Objekte, die stark beansprucht werden. Der Nachteil ist, daß Sie zwischen dem Auftragen der einzelnen Farbschichten 24 Stunden warten müssen.

Künstler-Ölfarben aus der Tube lassen sich mit Anstrichfarben mischen, trocknen aber langsam und verzögern die Trockenzeit der ursprünglichen Farbe. Wenn sie alleine verwendet werden, um Sprünge farblich hervorzuheben oder Patinierflüssigkeit herzustellen, sollte man die letzte Farbschicht einige Tage durchtrocknen lassen, auch wenn sie sich schon trocken anfühlt.

Künstler-Acrylfarben sind in Tuben und kleinen Döschen in zahlreichen modernen Schattierungen erhältlich, was besonders nützlich ist, wenn Sie beim Mischen der Farben nicht besonders geschickt sind.

Acrylfarben werden mit Wasser gemischt und trocknen sehr schnell. Sie können die Trockenzeit aber mit einem Verzögerungsmittel verlängern. Sie sind sehr praktisch, um den Dekorationsobjekten den letzten Schliff zu geben, und lassen sich über Dispersions- oder Ölfarben auftragen.

Buntstifte, haftend und wasservermalbar. Sie können zum Kolorieren von Drucken verwendet werden. Bei letzteren sollte das Blatt nicht zu naß werden, damit es sich nicht wellt. Buntstifte sind sehr vorteilhaft, um Schäden auf den Papiermotiven auszubessern, die während des mehrfachen Abschleifens entstehen können.

Farb- und Lackentferner

Sie sind stark ätzend und lassen sich am besten mit einem alten Anstrichpinsel auftragen. Ziehen Sie Gummihandschuhe an, und richten Sie sich genau

nach den Herstelleranleitungen. Das beste Werkzeug zum Abkratzen der Farbe ist ein Dreikantschaber, obwohl man für knifflige Ecken alles verwenden darf, was gute Ergebnisse bringt.

Sandpapier, Stahlwolle und andere Schleifmittel

Sandpapier und Stahlwolle werden in unterschiedlichen Körnungen hergestellt, von sehr fein bis grob. Man benutzt sie in allen Phasen des Découpage-Prozesses, vom Glätten des ursprünglichen Untergrunds bis zum leichten Abschleifen der letzten Lackschicht.

Schmirgelpads (oder Schleifschwämme) sind ebenfalls sehr nützlich, vor allem für Metall. Man kann sie in Heimwerkermärkten kaufen.

Sie ziehen es vielleicht vor, Holz, Metall oder mit Ölfarbe getrichene Oberflächen mit nassem statt trockenem Sandpapier zu bearbeiten. Bei Dispersionsfarbe oder Klarlack zum Versiegeln der Papiermotive ist der Naßschliff indes nicht ratsam, da Sie nicht genau sehen, was sich unterhalb der entstehenden »Schmierschicht« tut.

Cutter, Schere, Schneidbrett und Roller

Cutter. Es gibt verschiedene Schneidmesser im Handel; manche sind billig und nach einmaligem Gebrauch zum Wegwerfen, andere haben einen langen Streifen mit hochziehbaren Klingen, die beim Auswechseln wegschnappen. Sie sind für Découpage-Arbeiten nicht scharf und biegsam genug. Am besten ist ein schlankes Federmesser (oder Metall-Skalpell für Intarsienarbeiten) mit scharfen, auswechselbaren Klingen, die Sie *sofort* erneuern sollten, wenn sie stumpf zu werden beginnen, um immer ein optimales Ergebnis zu erzielen.

Schere. Sie brauchen eine gebogene Nagelhautschere von erstklassiger Qualität. Wichtig ist vor allem, daß sie scharf ist, aber eine teurere läßt sich oft besser halten, und das zahlt sich aus, wenn Sie stundenlang Motive ausschneiden!

Schneidbrett. Wenn Sie ein Cutter-Messer zum Ausschneiden der Motive benutzen, brauchen Sie ein Schneidbrett. Die besten stammen aus Japan: Sie sind sozusagen »selbstheilend« und in vielen Bastel- und Haushaltswarenläden in verschiedenen Größen erhältlich, aber ziemlich teuer.

Frühstücksbrettchen oder auch ausgediente Tischsets sind eine gute Alternative. Sie sollten jedoch ausgetauscht werden, sobald sie zuviele Schnitte aufweisen, sonst sind Ihre Papiermotive verdorben.

Roller. Ein kleiner Gummiroller ist sehr nützlich, vor allem, um damit größere Motive zu glätten. Dadurch gewährleisten Sie, daß sich weder überschüssiger Klebstoff noch Luftblasen unter dem Papier sammeln und die Fläche gut haftet.

Fixierlack (Fixierspray)

Klarlacke zum Versiegeln (Fixierlack) dienen unterschiedlichen Zwecken. Sie werden für poröse Untergründe, z. B. bei Dispersionsfarbe oder Holz, verwendet, um zu verhindern, daß nachfolgende Klebstoff- oder Klarlackschichten durchdringen. Damit lassen sich auch handkolorierte Drucke fixieren und schützen, so daß die Farben nicht auslaufen, wenn die Motive mit Klebstoff und Klarlack versehen werden. Und sie werden bei allen Papierarten zur Verringerung der Saugfähigkeit und zum Verstärken empfindlicher Papiermotive vor dem Ausschneiden benutzt. Fixierlacke sind in vielen Formen erhältlich. Acrylspray ist meines Erachtens am einfachsten anzuwenden.

Staubtücher (Allzwecktuch, fusselfrei)

Staubtücher sollten fusselfrei sein und nach dem Abschleifen mit Sandpapier alle Staub- und Holzpartikel aufnehmen. Sie sind eingeschweißt in Super- und Heimwerkermärkten erhältlich und für ein einwandfreies Oberflächenfinish von entscheidender Bedeutung. Das Staubtuch sollte in einem leeren Marmeladenglas mit Schraubverschluß aufbewahrt und vor erneuter Verwendung kräftig ausgeschüttelt werden. Bei Dispersionsfarbe benutzen Sie ein Staubtuch, das Sie in warmes Wasser getaucht und gut ausgewrungen haben.

Klarlacke

Klarlacke sind der krönende Abschluß des Découpage-Prozesses. Sie verleihen den Motiven Glanz und eine Qualität, die handgemalten ähnelt. Der Nachteil ist, daß die meisten Klarlacke die darunterliegende Oberfläche gelblich erscheinen lassen. Das kann enttäuschend sein, wenn Sie Ihre Farben besonders sorgfältig ausgewählt oder aufeinander abgestimmt haben. (Um das zu vermeiden, können Sie ein Lack-Musterglas verwenden, siehe S. 27.)

Kunstharz- und Bootslack. Mir gefällt der zarte Schimmer von Kunstharz- und Bootslack, den ich oft noch durch zusätzliches Patinieren hervorhebe. Kunstharzlack sorgt für ein sehr strapazierfähiges Oberflächenfinish, das den meisten »Anfeindungen« im Haushalt standhält. Er ist matt, seidenmatt oder hochglänzend erhältlich.

Bootslack (nur in Hochglanz erhältlich) ist noch widerstandsfähiger und verleiht Ihrem Werkstück daher den stärksten Gelbschimmer.

Acryllack (Hoch- und Mittelglanzlasur) bewahrt die Originalfarben am besten. Er verfärbt sich kaum, ist wasserlöslich und muß gewöhnlich durch eine Schicht Kunstharz- oder Bootslack ergänzt werden, wenn Sie (stark strapazierte) Oberflächen von Tischen, Tabletts usw. versiegeln.

Reißlack dient dazu, Sprünge und damit ein antikes Aussehen zu erzeugen, was vor allem bei klassischen Motiven echt wirkt. Er ist als Set in Läden für Künstlerbedarf erhältlich und besteht aus einem Fläschchen mit langsam trocknendem Grundlack, oft getönt, um die Patina zu verstärken, und einem Fläschchen Krakeliermittel, das schneller trocknet.

Wachs

Einmaliges oder zweimaliges Polieren mit transparentem Wachs verleiht den meisten Deko-Objekten einen satten Schimmer, vor allem, wenn Sie Farbe mit Matt- oder Seidenmattlasur verwendet haben. Ich wachse meine Arbeiten so oft wie möglich nach, und die Oberfläche wird mit jedem Mal besser. Hochwertiges, farbiges Wachs eignet sich ebenfalls zum Patinieren.

Terpentinersatz und Brennspiritus

Terpentinersatz kann zum Verdünnen aller Farben auf Ölbasis und als Lösungsmittel zum Entfernen von Ölfarben und Kunstharzlack aus Kleidung, Pinseln, usw. benutzt werden. Es läßt sich auch zusammen mit Stahlwolle zum Anschleifen und Säubern alter Möbel und Objekte verwenden, die bemalt werden sollen.

Brennspiritus kann mit Stahlwolle zum Abschleifen und Reinigen verwendet werden. Mit dieser Kombination lassen sich auch klebrige Schellackschichten entfernen.

Holzspachtel (Holzkitt, Holzpaste)

Die meisten schnelltrocknenden Holzspachtelsorten eignen sich zum Ausbessern aller Gegenstände aus Holz. Wenn es sich um sehr feine Risse, kleine Löcher oder rauhe Maserung handelt, leistet feiner Universal-Spachtel gute Dienste.

Technik

Das Geheimnis eines erstklassigen Ergebnisses besteht darin, daß Sie bei Arbeitsbeginn alles vorbereitet haben, was Sie brauchen – einschließlich einer geeigneten Arbeitsfläche –, und sich viel Zeit nehmen.

Die hier beschriebenen Techniken sind nicht schwierig. Legen Sie einfach das benötigte Material zurecht, schaffen Sie sich Platz zum Arbeiten, und fangen Sie an.

Grundlegende Techniken

Bei einem neuen, unbehandelten Holz- oder Metallobjekt können Sie sofort mit dem Grundieren und Streichen beginnen. Wenn Sie indes ein altes oder antikes Stück mit ganz eigenem Charakter finden, wirkt Ihre Découpage lebendiger und authentischer. Falls Sie Wert auf Originalität legen, müssen Sie vor dem Aufbringen von Farben und Motiven Ihr Werkstück abschleifen oder anlaugen, wieder mit Sandpapier anschleifen und mit Holzspachtel ausbessern.

Obwohl sie oft ganz unten auf der Liste der Lieblingsbeschäftigungen stehen, können diese Vorarbeiten sehr befriedigend sein. Das gilt vor allem, wenn Sie ein unansehnliches, unter dicken Farbschichten verborgenes altes Möbel oder Deko-Objekt durch Glätten und Leimen in seinen hölzernen oder metallenen Urzustand zurückführen, bevor Sie sich dem Vergnügen hingeben, es durch völlig neue Schmuckelemente zu verschönern.

Ablaugen

Wenn Ihr Werkstück eine relativ unbeschädigte Oberfläche aufweist, ist es nicht immer erforderlich, es vorzubehandeln. Sind Farbe oder Lack jedoch abgesplittert oder uneben, sollten Sie alle Schichten entfernen und am Nullpunkt beginnen.

Sie haben grundsätzlich zwei Wahlmöglichkeiten: selbst machen oder die Dienste eine Ablaugerei/Abbeizfirma in Anspruch nehmen. Bei der Entscheidung kommt es zum einen darauf an, wieviel Geld Sie ausgeben wollen und/oder wie groß das Möbelstück ist. Einen Fachmann zu bemühen kostet um einiges mehr, wobei dieser merklich schneller fertig sein dürfte, wenn es sich um ein großes Möbelstück handelt, das oft noch abgeholt und zu Ihnen nach Hause geliefert wird. Sie sollten zum anderen jedoch auch bedenken, daß die handelsüblichen Laugen sehr aggressiv sind und alle Rückstände ordentlich entsorgt werden müssen.

Selbst ablaugen

Das Ablaugen selbst kleiner Objekte in den häuslichen vier Wänden kann chaotisch werden, wenn die entsprechende Vorbereitung fehlt. Die Arbeitsschritte an sich sind nicht schwierig, aber Sie sollten alles wegsperren, was »kreucht und fleucht«, einschließlich kleiner Kinder. Achten Sie darauf, alles mit ein oder zwei Lagen Zeitungspapier abzudecken, was Spritzer abbekommen könnte. Sie selbst sollten eine Schürze und Gummihandschuhe tragen.

Es gibt gute Laugen speziell für Metall oder Holz im Handel. Achten Sie darauf, die richtige zu kaufen, je nachdem, ob Sie Lack oder Farbe entfernen wollen.

Eine mit Klarlack und eine mit Schellack überzogene Oberfläche lassen sich leicht verwechseln. Wenn Sie nicht ganz sicher sind, reiben Sie eine kleine Ecke mit Stahlwolle ab, die zuvor in Brenn-

▼ **Farbe entfernen**
Beim Ablaugen der Farbe sollten Sie Gummihandschuhe tragen und die Anleitungen des Herstellers genau befolgen. Zum Abkratzen der Farbe eignet sich am besten ein Dreikantschaber.

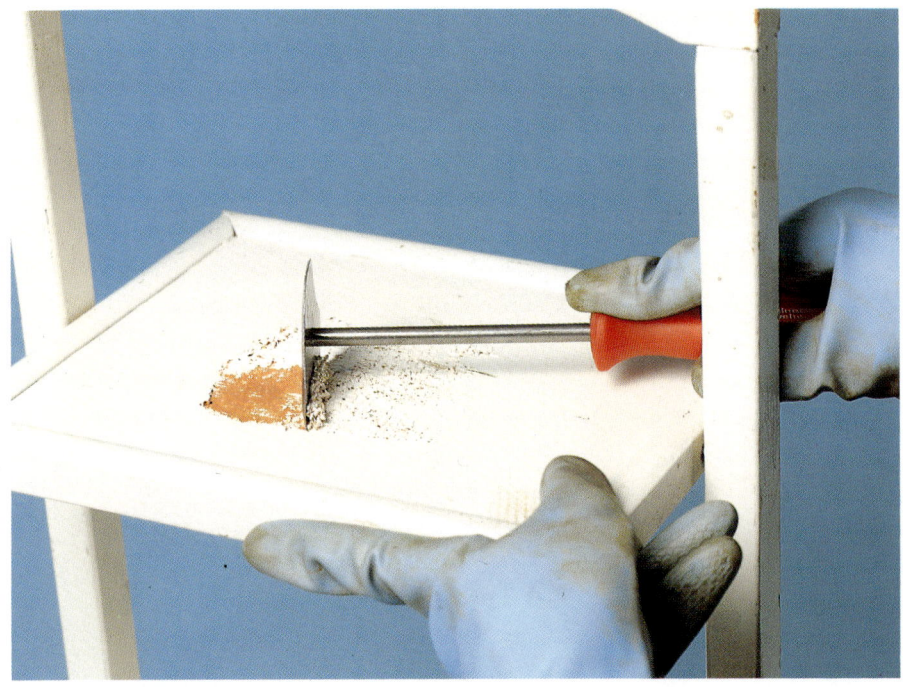

spiritus getränkt wurde. Handelt es sich um Schellack, ist die Stahlwolle bald mit einer braunen, klebrigen Schmiere bedeckt. Entfernen Sie dann den Rest mit sauberer Stahlwolle und Brennspiritus.

Wurde die Oberfläche mit Klarlack behandelt, entfernen Sie nur den Staub mit Stahlwolle und benutzen einen Spezial-Lackentferner. Ungeachtet der Oberfläche, die Sie ablaugen, sollten Sie den Anleitungen des Herstellers genau folgen und das Werkstück gut trocknen lassen.

Ablaugerei/Abbeizfirmen

Wenn Sie sich für das Ablaugen/Abbeizen durch einen Fachbetrieb entscheiden, können Sie wieder zwischen ätzender und nicht-ätzender Methode entscheiden. Zwischen beiden besteht ein großer Unterschied, sowohl im Hinblick auf den Prozeß als auch die Kosten.

Das teurere Ablaugverfahren empfiehlt sich bei empfindlichen Objekten, wie solche mit Gesso-Dekoration oder Intarsien. Das Abbeizen eignet sich mehr für handfeste Kiefernmöbel oder billige alte »Scheußlichkeiten«, für die Sie kein Vermögen ausgeben möchten.

Säubern eines intakten Untergrunds vor dem Anstrich

Wenn der Untergrund völlig unbeschädigt ist, müssen Sie ihn nicht anschleifen oder anlaugen. Er sollte aber gesäubert werden, um Wachsreste und Schmutz zu entfernen.

Um Wachs zu entfernen, bearbeiten Sie das Möbelstück mit Stahlwolle, die mit Terpentinersatz getränkt wurde. Wenn möglich, sollten Sie immer in Richtung der Holzstruktur reiben und die Stahlwolle erneuern, sobald sie schmutzig wird. Nach vollständigem Entfernen der Wachs- oder Politurschicht wischen Sie mit einem Tuch, das Sie in heißes Seifenwasser getaucht und gut ausgewrungen haben, über die Fläche. Achten Sie darauf, daß Ihr Möbel nicht zu naß wird, da sich die Maserung sonst aufwirft, so daß Sie wieder abschleifen müssen.

Leimen und spachteln

Als nächstes müssen Sie kleine Schadstellen leimen oder Löcher spachteln. Wie Sie sich vorstellen können, kann im Laufe der Zeit viel mit einem Möbelstück passieren, und der Platz würde nicht ausreichen, um alle Katastrophen zu schildern. Um relativ einfache Probleme zu beheben (wie fehlende Verzierungen ersetzen oder gesplitterte Holzplatten zusammenfügen), brauchen Sie hochwertigen Holzleim und Klemmschrauben, Dübel oder auch ein schweres Buch oder Maskierband, um die Teile während des Trocknens zu fixieren.

▽ **Löcher und Risse ausbessern**
Nach dem Säubern alter Holzmöbel werden Löcher mit Holzspachtel egalisiert. Nach dem Trocknen wieder anschleifen, zuerst mit Sandpapier mittlerer, dann feiner Körnung. Zuletzt mit einem fusselfreien Tuch gut abstauben.

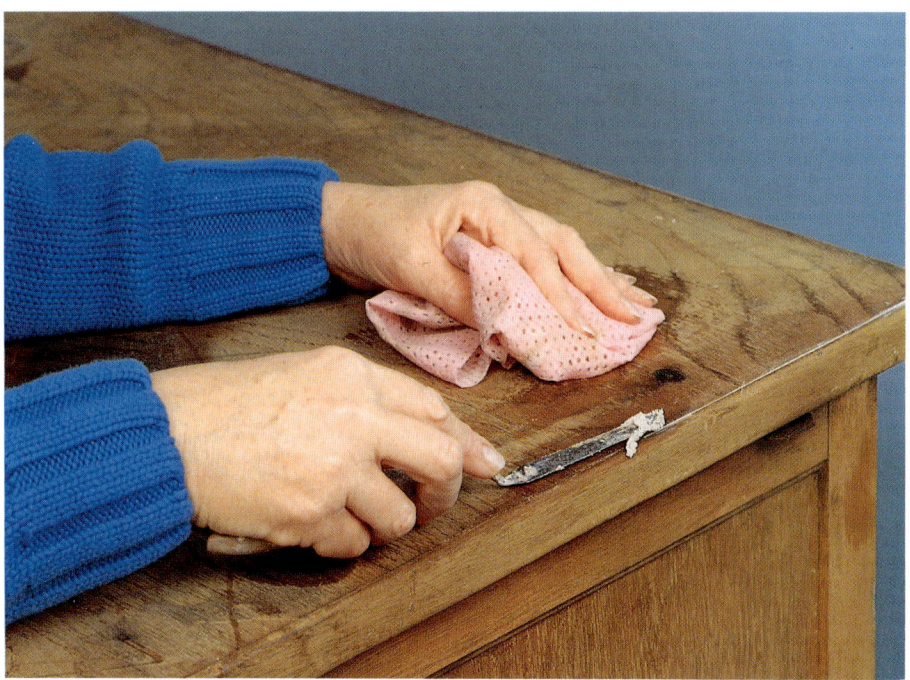

▲ **Mit feiner Stahlwolle abschleifen**
Wenn man mit dem Abschleifen beginnt, erscheint es oft unmöglich, den Rost vollständig zu entfernen. Fünf Minuten später können Sie es vielleicht noch immer nicht glauben. Machen Sie sich auf ein Wunder gefaßt!

Löcher und nicht zu tiefe Dellen lassen sich mit Holzkitt oder feinem Universal-Spachtel egalisieren. Letzteren kann man auch zum Glätten der Oberfläche bei einem besonders rauhen Holzobjekt oder für die ungehobelten Enden von Spanplatten und anderen von Menschenhand gefertigten Brettern benutzen.

Abschleifen mit Sandpapier

Gleich, ob Sie alte Farb- und Lackschichten entfernen oder den ursprünglichen Untergrund Ihres Werkstücks erhalten wollen – der nächste Schritt ist ungeheuer wichtig: Sie erzielen nur dann ein meisterhaftes Endergebnis, wenn Sie die Oberfläche jetzt weitmöglichst glätten. Geschieht dies nicht, werden sich sämtliche weiteren Arbeitsschritte schwieriger gestalten.

Nun einige Tips, wie Sie ein perfektes Oberflächenfinish erhalten. Wenn Sie mit Holz arbeiten, sollten Sie möglichst immer einen mit Schleifpapier umwickelten Schleifschwamm benutzen. Arbeiten Sie in langen, festen Bewegungen, die aus Arm und Schulter heraus in Richtung der Maserung erfolgen. Alternativ können Sie auch sehr feine Stahlwolle (eine gute Handvoll) verwenden. Ich nehme feinkörniges Schleifpapier für großflächige, flache Werkstücke und Stahlwolle-»Bänder« für knifflige Partien, wie gedrechselte Tisch- und Stuhlbeine oder schwer zugängliche Ecken. Die feinen Schmirgelpads, die man heute speziell für Metall kaufen kann, sind biegsam und sehr nützlich für alle Objekte mit abgerundeten Kanten, obwohl man mit feiner Stahlwolle bei Metall ebenfalls eine herrlich glatte Oberfläche erhält.

Deko-Objekte aus Metall haben oft Roststellen, die beim Anlaugen nicht völlig verschwinden. Sie werden mit Rostentferner behandelt und mit feiner Stahlwolle kräftig abgerieben, bis alle Spuren beseitigt sind.

Vielleicht möchten Sie, vor allem bei einem großflächigen Werkstück, ein elektrisches Schleifgerät benutzen. Falls Sie nicht sehr geübt sind, sollten Sie der Versuchung jedoch widerstehen, denn man tut sehr leicht zuviel des Guten. Das könnte am Ende Wirbel im Holz und bei Metall häßlich abgegratete Kanten zur Folge haben.

Für welche Methode Sie sich beim Glätten der Oberfläche auch entscheiden, alle Mühe war umsonst, wenn Sie nicht jedes Schleif-Stäubchen entfernen, bevor Sie sich dem nächsten Arbeitsgang zuwenden.

Eine staubfreie Oberfläche erhalten Sie durch sorgfältiges Putzen mit einem fusselfreien Staubtuch. Sie sind (in Folie eingeschweißt) in Bau- und Supermärkten erhältlich.

Achten Sie darauf, ausgediente Staubtücher im Glasbehältnis regelmäßig auszutauschen und vor jeder erneuten Verwendung kräftig auszuschütteln. Sie können auch irgendeinen anderen fusselfreien Lappen nehmen, den Sie in Terpentin (bei Farben auf Ölbasis) oder warmes Wasser (bei Dispersionsfarbe) tauchen und auswringen.

Grundieren und Streichen

Grundieren von Metall
Wenn Sie auf altem Metall arbeiten, haben Sie inzwischen alle Rostflecken entfernt; um zu gewährleisten, daß sich keine neuen bilden, müssen Sie es mit zwei Schichten Antirost Rotbraun (Rostprimer/Rostschutz-Grund) vorbehandeln, bevor der nächste Schritt erfolgt.

Bei der Verwendung eines Deko-Objekts aus neuem Metall wird die Oberfläche mit heißem Seifenwasser »entspannt« (Fettreste beseitigt) und mit feiner Stahlwolle leicht angerauht. Sie sollte gut durchtrocknen, bevor Sie Rostschutz-Grund auftragen.

Grundieren von Holz
Wenn Sie auf einer angerauhten Oberfläche arbeiten, die bereits bemalt oder lackiert war, ist eine Grundierung überflüssig. Sie brauchen jedoch einen Holzprimer bei allen angelaugten Möbeln oder neuem Holz.

Auftragen des Farbanstrichs (Grundschicht)

Anstrich mit wasserlöslichen Farben
Es läßt sich schwer sagen, wie die traditionelle Farb-Grundschicht bei Découpage-Arbeiten beschaffen war. In manchen heutigen Anleitungen ist nur noch ein Farbauftrag angegeben, was einleuchtet, wenn man bedenkt, daß die Découpage-Künstlerinnen des 18. Jahrhunderts Ihre Motive direkt auf Pappe klebten.

Ich halte die nachfolgende Methode für die altüberlieferte. Mit ihr erzielt man die schönsten Ergeb-

▲ **Vorstrich mit Rostschutz-Grund**
Metall-Untergründe werden zweimal mit Rostprimer gestrichen, nach dem Trocknen wieder leicht angeschliffen, entstaubt und mit mehreren Schichten verdünnter Dispersionsfarbe und Acryl-Schutzlack versehen.

nisse, obwohl sie zugegebenermaßen die meiste Geduld erfordert:

Ein wenig Dispersionsfarbe in ein sauberes Marmeladenglas geben und sparsam mit Wasser verdünnen (ca. 1 EL Wasser auf die Hälfte eines Glases von durchschnittlicher Größe [450 g]). Die Mischung gut umrühren, bevor sie mit einem weichen Stupfpinsel aufgetragen wird. Bei Holz nach Möglichkeit immer in Richtung der Maserung streichen und eine dünne, gleichmäßige Farbschicht auftragen. Auf Farbtropfen überprüfen und trocknen lassen.

Zu Anfang können Sie zwei oder sogar drei verdünnte Farbschichten auftragen, bevor Sie die Oberfläche mit feinem Sandpapier wieder anschlei-

fen und abstauben. Den gesamten Prozeß wiederholen, wobei Sie nach jedem Farbauftag wieder leicht anschleifen und entstauben, bis Sie eine glatte, ebenmäßige Oberfläche haben, die Alabaster ähnelt!

Je nach Beschaffenheit der Farbe und Verdünnungsgrad müssen Sie sechs bis zehn Farbschichten auftragen. Der Arbeitsprozeß wird mit einem letzten sanften Anschleifen und Abstauben beendet.

Deckanstrich mit Farben auf Ölbasis

Ich benutze Farben auf Ölbasis als Grundierung, wenn ich an einem Werkstück arbeite, das stark beansprucht wird und bei dem Dispersionsfarbe leichter abbröckelt. Am besten nimmt man eine Farbe mit

▼ **Druck kolorieren**
Farbe mit wasservermalbaren Buntstiften auftragen, dann mit einem feuchten Pinsel so verwischen, daß sie Aquarellfarben gleichen. Wird der Druck zu naß, wellt er sich.

Seiden- oder Mittelglanz. Normalerweise ist es nicht nötig, sie zu verdünnen; falls doch, richten Sie sich nach dem gleichen Verfahren wie beim Verdünnen wasserlöslicher Farben und ersetzen das Wasser durch Terpentin oder Terpentinersatz.

Benutzen Sie einen mit 2,5-cm- oder 4-cm-Anstrichpinsel, und arbeiten Sie möglichst in Richtung der Holzstruktur.

Farben auf Ölbasis brauchen erheblich länger zum Trocknen. In der Regel sind nicht mehr als drei oder vier Schichten nötig, um eine glatte Oberfläche zu erhalten. Nach jedem Farbauftrag wird wieder angeschliffen und abgestaubt.

Oft ist hier die Rede davon, wieder »sanft« oder »leicht« anzuschleifen. Der Grund liegt darin, daß Sie die Oberfläche vor dem ersten Anstrich bereits geglättet haben und durch weitere Bearbeitung nur noch kleine Unebenheiten wie Staub oder Pinselmarkierungen entfernen. Wenn Sie zu kräftig abschmirgeln, kommt das blanke Holz wieder zum Vorschein.

Drucke kolorieren

Heute kann man überall Geschenkpapier von erstklassiger Qualität kaufen, aus dem man Motive ausschneidet. In früheren Jahrhunderten benutzen die Découpage-Künstlerinnen Drucke für ihre Designs, von denen manche vor der Verwendung erst bemalt werden mußten.

Wenn Sie Ihr Geschick beim Handkolorieren erproben möchten, sollten Sie anfangs keine wertvollen Drucke verwenden oder sich Sammelhefte mit Drucken (in Buchläden und Kaufhäusern erhältlich) zulegen. Sie enthalten Kopien der kolorierten und unkolorierten Originaldrucke, so daß Ihr Werkstück eine echt antike Note erhält.

Zum Kolorieren empfehle ich wasservermalbare oder haftende Buntstifte von guter Qualität, die gemischt werden können, um die bestmögliche Wirkung und vielfältige Farbnuancen zu erzielen, wobei kleine weiße Flächen unbemalt bleiben sollten, um das Bild lebendig zu gestalten. Sie sollten allerdings

nicht zu zart aufgetragen werden, weil blasse Farben unter mehreren Klarlackschichten nicht besonders vorteilhaft zur Geltung kommen.

Sie werden feststellen, daß manche Buntstifte besser decken als andere und daß Sie mehr Kontrolle über Farbabstufungen haben, wenn Sie mit kurzen, eng nebeneinanderliegenden Strichen schraffieren. Wenn Sie eine Farbe langsam von hell zu dunkel übergehen lassen wollen, sollten längere und kürzere Schraffierungen an den Stellen, wo sich Licht und Schatten mischen, nahtlos ineinandergreifen. Eine einheitlichere Wirkung erzielen Sie, wenn Ihre Striche in dieselbe Richtung wie bei der Originalschattierung auf dem Druck verlaufen.

Nach dem Kolorieren und vor dem Ausschneiden müssen Sie die Schauseite sparsam mit Fixativ besprühen und trocknen lassen.

Wasservermalbare Buntstifte (z. B. von Pelikan) werden wie üblich trocken aufgebracht und dann mit einem feuchten Pinsel verteilt, so daß Sie Aquarellfarben ähneln. Achten Sie darauf, das Papier nicht zu naß zu machen, sonst verzieht es sich.

Ausschneiden und Arrangieren der Motive

Ihr Design

Nun beginnt der eigentliche Spaß, und ich kann aufrichtig behaupten, daß einige Leute aus meinem Bekanntenkreis geradezu süchtig danach sind, Découpage-Motive auszuschneiden.

Sie können dazu einen Cutter (am besten Federmesser, oder Skalpell für Intarsienarbeiten) oder eine kleine gebogene Nagelhautschere benutzen. Ich verwende beides, je nachdem, wie knifflig das Ausschneiden ist. Es geht nichts über die Schere, um die Rundung eines Blumenblatts genau zu treffen, während sich ein Federmesser hervorragend für gerade Kanten und schlanke Stiele eignet.

Sie brauchen außerdem eine größere Schere, um Ihren Geschenkpapier-Bogen oder Druck in handliche Teile zu schneiden.

Wenn Sie ein Cutter-Messer benutzen, sollten Sie auf einem Schneidbrett arbeiten. Bewegen Sie nach Möglichkeit nicht den Cutter, sondern das Papier, und schneiden Sie immer zum Körper hin. Beim Arbeiten mit der Schere ist es einfacher, die schneidende Hand unter dem Papier zu halten, während die andere Hand das Papier in Position bringt.

Schneiden Sie immer die »inneren« Teile des Hintergrunds zuerst weg. Die Außenkonturen bleiben fast bis zum Ende stehen, genau wie zarte, empfindliche Teile bis zur allerletzten Minute vom angrenzenden Hintergrund gestützt werden sollten.

Alle ausgeschnittenen Motive sollten bis zum Probeauflegen sorgfältig verwahrt werden, damit sie nicht verlorengehen oder knittern. Ich hebe sie in

▽ **Ausschneiden mit dem Cutter**
Wenn Sie einen Cutter benutzen, sollten Sie auf dem Schneidbrett arbeiten und möglichst das Papier anstelle des Messers bewegen, das zum Körper hin schneidet.

▲ **Ausschneiden mit der Schere**
*Eine kleine Schere ist ideal für die verwirbelten Konturen
von Blumen, während die größere dazu dient, das Papier
in handliche Teile zu zerschneiden.*

Klarsichthüllen auf, aber es reicht auch aus, sie zwischen Buchseiten zu legen.

Wenn Sie genügend Motive ausgeschnitten haben, werden sie auf dem Werkstück arrangiert und fürs erste mit wieder ablösbaren Klebestreifen von der Rolle (z. B. von Pritt) befestigt. Sie sollten gründlich über Ihr Design nachdenken, weil Sie bereits viel Zeit in die Vorbehandlung eingebracht und noch einiges an Arbeit vor sich haben. Es wäre schade, alles zu verderben, indem Sie Ihre Papier-Ausschnitte blindlings aufkleben. Jetzt können Sie alles noch problemlos verändern!

Die Motive sollten nicht wahllos über das gesamte Objekt verstreut werden. Versuchen Sie, dem Design einen zentralen Punkt zu geben, um den Sie andere Teile gruppieren, entweder nach Farbe oder Ähnlichkeit geordnet.

Wenn Sie das Gefühl haben, daß die Gesamtwirkung stimmen würde, wenn Sie hier einen Baum oder dort ein paar Vögel anbringen, tun Sie sich keinen Zwang an. Andernfalls wären Sie mit dem Ergebnis nie ganz zufrieden.

Kleben

Es gibt zwei Klebemethoden, die von Découpage-Experten befürwortet werden. Bei der ersten werden kleine Mengen Klebstoff auf das Werkstück aufgetragen, bevor man jedes Motiv positioniert; bei der zweiten bestreichen Sie die Rückseite der ausgeschnittenen Motive mit Leim, bevor sie an ihren festgelegten Platz geklebt werden.

Beide Methoden haben ihre Vor- und Nachteile. Ich ziehe die zweite vor, wenn das Muster nicht sehr kompliziert ist. Zum Kleben benutze ich ein altes, melaminbeschichtetes Hackbrett, das ich zwischendurch immer wieder abwasche. Sie können aber auch Alufolie unterlegen und entsorgen, sobald sie zu sehr klebt.

Wenn Sie auf einem Untergrund kleben, der mit Dispersionsfarbe gestrichen wurde, macht ein leicht aufgesprühtes Fixativ die Oberfläche weniger porös und läßt Ihnen mehr Zeit, Ihre Motive zu arrangieren. Beim Aufkleben sollten Sie sich vergewissern, daß jedes Teil völlig glatt ist und alle Kanten gut haften. Größere Motive glätte ich meistens mit dem Gummiroller, um Luftblasen oder überschüssigen Leim herauszudrücken, der dann mit einem in warmem Wasser ausgewrungenen, weichen Lappen entfernt wird. Danach drücke ich die Kanten der Motive mit einer klebstofffreien Fingerspitze noch einmal fest. (Kleinere, empfindliche Motive lassen sich einfacher mit sauberen Fingern und einem Lappen glätten.) Zum Schluß überprüfe ich nochmals, ob alle Kanten und vorstehenden Spitzen wirklich fest und sicher haften.

Sollten Sie eine lose Kante entdecken, die Ihnen bisher entgangen ist, streichen Sie ein wenig Leim auf ein Cocktailstäbchen. Schieben Sie es unter das Papier; dann drücken Sie die Stelle eine oder zwei Sekunden mit der Fingerspitze fest.

Wenn Sie das Gefühl haben, daß die Motive sicher haften, halten Sie nach überschüssigem Klebstoff Ausschau. Falls Sie fündig werden, wischen Sie ihn sorgfältig mit einem weichen Tuch oder Schwämmchen weg, der in handwarmes Wasser getaucht und ausgewrungen wurde.

▽ **Arrangieren der Motive**

Motive auf der Stange arrangieren und fürs erste mit Klebe-Roller befestigen. Die Gardinenstange soll rundum ordentlich aussehen; achten Sie also auf herunterhängende Papier-Spitzen, die sich um die Stange ringeln und an unerwünschter Stelle wieder auftauchen können.

▲ **Kleben der Motive**

Beim Aufkleben der Motive sollten Sie darauf achten, daß sie völlig glatt liegen und alle Kanten gut haften. Größere Teile mit dem Gummiroller glätten, um überschüssigen Klebstoff herauszupressen, der dann mit einem weichen, in warmes Wasser getauchten und ausgewrungenen Lappen entfernt wird.

Mit Klarlack überziehen

Der Klarlack dient dazu, die Motive völlig zu versenken, so daß Sie die Kanten der Papier-Ausschnitte nicht als erhaben spüren, wenn Sie mit dem Finger über die Oberfläche streichen. Es sind viele Schichten erforderlich, um dieses Ziel zu erreichen, aber wie bereits in der Einleitung gesagt, liegt die Entscheidung, wann Sie aufhören wollen, allein bei Ihnen.

Tragen Sie den Klarlack in großzügigen Pinselstrichen auf, wobei Sie nach Möglichkeit Tropfen und Rinnsale vermeiden, bevor Sie ihn quer zur vorherigen Streichrichtung verwischen (schlichten). Kunstharzlacke müssen Sie erst nach Trocknen der zwei-

▽ Design mit Klarlack überziehen

Zwei Schichten Klarlack auftragen, wobei jede 24 Stunden trocknen sollte. Wieder abschmirgeln und gut abstauben. Nun folgen mindestens sechs weitere Lackschichten, wobei Sie nach jeder abschleifen und den Staub entfernen. Die letzte wird nur sehr leicht angeschliffen und gewachst.

ten oder dritten Schicht wieder abschleifen und entstauben, und bei wasserlöslichen Klarlacken können Sie sich bis nach der dritten oder vierten Schicht Zeit damit lassen. Doch danach wird die Oberfläche nach jedem Auftrag sehr sanft abgeschmirgelt und gut abgestaubt.

Vergessen Sie nicht, vor allem bei den ersten Schichten, daß sich die empfindlichen Papier-Ausschnitte direkt unter der Oberfläche befinden. Falls Sie versehentlich ein Motiv mit dem Schleifpapier erwischt haben, bleibt eine sofort sichtbare weiße Stelle zurück. Sie können den Schaden durch Auftupfen von haftbaren oder wasservermalbaren Buntstiften beheben. Dann wird die ausgebesserte Partie mit Acrylspray versiegelt, bevor Sie mit dem Lackieren fortfahren.

Wachsen und Patinieren

Nach Auftragen der letzten Klarlackschicht werden Sie vielleicht einen Seufzer der Erleichterung ausstoßen und die Arbeit dabei bewenden lassen. Sie können Ihr Werkstück aber auch noch patinieren oder wachsen, oder beides. Wie auch immer – als erstes müssen Sie die Oberfläche wieder einmal leicht mit feiner Stahlwolle oder Schleifpapier anrauhen.

Wachsen

Im Grunde müssen Sie nur ein gutes Wachs kaufen und den Hersteller-Anleitungen auf der Dose folgen, aber Sie wissen ja, Papier ist geduldig … Um Ihr Werkstück wirklich auf Hochglanz zu polieren, müßten Sie es ein Jahr lang jeden Tag wachsen – mindestens! (Mit farbigem statt transparentem Wachs erzielen Sie übrigens auch ein ziemlich echt wirkendes, antikes Aussehen.)

Einfache Patina

Sie brauchen für ein Werkstück mittlerer Größe: *Künstlerölfarben in der Tube, Umbra und Schwarz; Terpentinersatz; Marmeladenglas; Malpinsel; 2 kleine Anstrichpinsel; alte Nylonstrümpfe oder Strumpfhose*

1. Ca. 2,5 cm Umbra und 6 mm schwarze Ölfarbe auf den Boden des Glases ausdrücken. Sparsam Terpentinersatz zufügen und mit dem Pinsel zu einer cremigen, glatten Paste aufrühren. Nach und nach mehr Terpentinersatz zugeben, bis die Mischung etwas dünner als Sahne ist.

2. Mischung mit dem Anstrichpinsel auf dem ganzen Werkstück auftragen. In Winkel und Ritzen tupfen, vor allem rund um Schlösser oder Handgriffe.

3. Patinierflüssigkeit trocknen lassen, bis sie allen Glanz verloren hat, aber noch nicht ganz trocken ist. Dann ein sauberes Tuch in die freie Hand nehmen; mit einem sauberen, trockenen Anstrichpinsel die Patinierflüssigkeit kräftig in die Oberfläche einreiben, während Sie gleichzeitig sehr langsam eine große Portion Patina wegreiben. Pinsel immer wieder am Tuch abwischen und erst dann aufhören, wenn das Motiv klar durchzuschimmern beginnt.

4. Nylonstrumpfhosen oder Strümpfe in Teile mittlerer Größe zerschneiden und einen Bausch daraus formen. Damit die Oberfläche in kreisenden Bewegungen abreiben.

Lassen Sie sich von Ihrer Phantasie und Ihrem künstlerischem Gespür leiten, wenn es gilt, die Patina an den Stellen wieder wegzureiben, an denen das Werkstück im Lauf der Jahre stark beansprucht worden sein könnte, und dort mehr zu belassen, wo sich Schmutz angesammelt hätte. Wechseln Sie die schmutzigen Nylonpads aus, und arbeiten Sie in kreisförmigen Bewegungen weiter, wobei Sie einige Teile des Designs durch stärkeres Abreiben hervorheben, während Sie andere für Schattierungen ziemlich dunkel belassen. Wenn Sie mit der Wirkung zufrieden sind, muß die Patinierflüssigkeit vollständig austrocknen, bevor sie mit einer Klarlackschicht geschützt wird.

Scheinbar alt und rissig: Bearbeitung mit Reißlack

Früher oder später werden Sie sich an einer Lackoberfläche mit tausend Sprüngen oder einem sogenannten Craquelé-Muster versuchen wollen. Ich gebe zu, daß man Horrorgeschichten über Fehlschläge zu hören bekommt, aber wenn Sie ein Reißlack-Set (im Laden für Künstlerbedarf) kaufen und sich genau an die Hersteller-Anleitungen halten, kann eigentlich nichts schiefgehen.

Das Set besteht aus zwei Fläschchen. Das eine enthält einen Reißlack (Grundlack) auf Ölbasis, der gleichzeitig Patina verleiht. Er wird als erstes aufgepinselt und muß rund zweieinhalb Stunden antrocknen. Dann wird das wasserlösliche, schnelltrocknende Krakeliermittel aufgestrichen. Die Risse erscheinen auf der Oberfläche, nachdem das Krakeliermittel getrocknet ist, weil der Grundlack noch immer trocknet und sich bewegt.

▽ Patinieren – Wegreiben der Flüssigkeit
Wenn die Flüssigkeit stumpf geworden ist, mit einem sauberen Anstrichpinsel ins Holz einarbeiten. Aus einem Stück Nylonstrumpfhose einen Bausch formen und die Patina vorsichtig abreiben. An Stellen, die stark beansprucht worden wären, mehr wegreiben.

Die beste Hilfe ist Ihr Tastsinn. Wenn Sie ziemlich große Sprünge erhalten wollen, pinseln Sie das Krakeliermittel auf, solange der Grundlack noch klebrig ist. Stupsen Sie an einer unauffälligen Stelle mit der Fingerkuppe dagegen: Ist der Zeitpunkt ungefähr richtig, bleibt nur eine leichtes Mal zurück. Ziehen Sie ein Netz feiner Risse vor, sollte der Grundlack beinahe trocken sein. Die Rißbildung wird mit einem Fön beschleunigt, den Sie nicht zu nahe an die Oberfläche halten oder zu heiß einstellen sollten.

Nach dem Trocknen sollten die Risse zusätzlich durch Farbe hervorgehoben werden. Dazu ein wenig mehr Terpentinersatz in die Patinierflüssigkeit geben und das Werkstück ganz damit einpinseln. Ein paar Minuten antrocknen lassen, bis sie in die Risse einsickert, dann die überschüssige Farbe mit einem weichen Tuch wegwischen. Die Oberfläche muß gründlich durchtrocknen, bevor sie mit einer Schicht Klarlack überzogen wird.

Schwammtechnik

Ich habe bei zwei Projekten mit der Schwammtechnik gearbeitet: beim Nähkasten (S. 63), der mit Acrylfarbe marmoriert wurde, und beim Servierwagen (S. 66), den ich mit einer Farbglasur auf Ölbasis und einer Mischung aus Gummiarabikum und Bronzepulver bearbeitet habe.

Acrylfarbe auftupfen

Acrylfarben trocknen sehr rasch. Deshalb müssen Sie schneller als mit anderen Mitteln arbeiten, was jedoch den Vorteil hat, daß sie unverzüglich mit der nächsten Phase des Arbeitsprozesses beginnen können.

Sie brauchen für den Nähkasten:
1 Dose blaßgelber Acrylfarbe (Heimwerkerbedarf), 1 Naturschwamm, Papier zum Experimentieren, 1 Dose hellgrüner Acrylfarbe

1. Gelbe Farbe in Untertasse geben und mit ein wenig Wasser zu milchiger Konsistenz aufrühren.

2. Schwamm unter klarem Wasser ausspülen und auswringen; dann in die Mixtur stupfen. Kräftig auf Papier ausdrücken, um überschüssige Farbe zu entfernen, dann auf das Werkstück tupfen. Kein regelmäßiges Muster erzeugen, sondern den Schwamm drehen und wenden, um überall einen willkürlichen Effekt zu erzielen. Schwamm von Zeit zu Zeit mit Farbe auffüllen.

3. Mit der grünen Farbe wiederholen; darauf achten, daß hier und da gelbe Farbe und Grundierung durchschimmern. Immer auf Papier probieren, bevor Sie Ihr Werkstück bearbeiten.

Wenn sich, z. B. bei einem großen Objekt, trocknende Farbe auf dem Schwamm sammelt, unter fließendem warmen Wasser auswaschen, bevor Sie weiterarbeiten.

Die gelbe Farbe wird vermutlich trocken sein, bevor Sie das Grün auftragen. Wenn Sie jedoch an einem kleinen Objekt arbeiten, und Sie tupfen die zweite Farbe auf die noch feuchte erste Schicht, erzielen Sie damit einen erheblich weicheren Effekt.

Getrocknete Acrylfarbe läßt sich nur schwer entfernen. Sie sollten daher Schwamm, Untertasse und Pinsel gleich nach Beendigung der Arbeit auswaschen.

Farblasur auf Ölbasis auftupfen

Lasur auf Ölbasis trocknet nicht so schnell wie Acryl-Lasur, und deshalb wird sie nicht auf-, sondern vielmehr weggetupft. Sie können eine zweite Farbe auftragen, solange die erste noch naß ist; wenn Sie jedoch Gold auftupfen möchten, wie beim Servierwagen, lassen Sie die erste Schicht besser trocknen: Sie verliert ihren Schimmer, wenn sie sich mit nasser Farbe mischt.

Sie brauchen für den Servierwagen:
Künstler-Ölfarbe in der Tube (Ultramarin), Malpinsel, Terpentinersatz, Marmeladenglas, weiße Farbe auf Ölbasis (Mittelglanz), weißes Papier, kleinen Anstrichpinsel, kleinen Naturschwamm, Bronzepulver (Gold), Gummiarabikum

1. Ultramarin und Terpentinersatz mit dem Malpinsel auf dem Boden des Marmeladenglases zu cremiger Konsistenz aufrühren. Unter Rühren langsam Weiß zugeben, bis der richtige Farbton erreicht ist. Ein wenig Farbe auf ein altes Messer nehmen und auf ein weißes Blatt Papier streichen, um den Farbton zu prüfen, der nach Zugabe von mehr Terpentinersatz transparenter wird. Durch Zufügen von mehr weißer oder verdünnter Ölfarbe die nötige Anpassung vornehmen. Wenn Sie mit dem Ergebnis auf dem Papier zufrieden sind, ein bißchen weniger Terpentinersatz einrühren, als Sie Farbe im Glas haben.

2. Mit dem Anstrichpinsel die Mixtur auf dem gesamten Werkstück auftragen. Bei großen Objekten portionsweise arbeiten; dabei an geeigneter Stelle anhalten, so daß später beim Weiterstreichen keine Naht entsteht.

Den Schwamm willkürlich hier und da auf den gestrichenen Bereich auftupfen, um einen sanften, wolkigen Effekt zu erzielen. Schwamm von Zeit zu Zeit an einem alten Lappen säubern oder bei einem großflächigen Werkstück, wenn sich viel Farbe ansammelt, in Terpentinersatz und Seifenwasser reinigen.

24 Stunden trocknen lassen; dann ein wenig Bronzepulver mit Gummiarabikum in einer alten Untertasse mischen. Schwamm in die Mischung stupfen und auf einem Blatt Papier ausdrücken, bis er nur noch einen schwachen Abdruck hinterläßt. Sparsam auf das Blau tupfen und trocknen lassen.

Lack-Musterglas

Ein solches Lack-Musterglas ist einfach herzustellen und von unschätzbarem Wert, wenn Sie die Grund-Farbschicht eigenhändig mischen oder nach einem bestimmten Farbsystem arbeiten.

Für die Fertigung brauchen Sie ein normales Glasstück (15 × 10 cm) und Kunstharzlack. Zum Anfassen bleibt ein schmaler Streifen an einem Ende frei; alle Pinselstriche sollten in derselben Richtung verlaufen. Lack auf das Glas auftragen. Trocknen lassen, dann eine zweite Schicht in entgegengesetzter Rich-

tung aufpinseln. Auf diese Weise mindestens sechs Lackschichten aufbauen.

Das Musterglas wird über die Grund-Farbschicht oder die ausgeschnittenen Motive gehalten, die Sie für ein bestimmtes Projekt in Betracht ziehen. So erhalten Sie eine gute Vorstellung, wie die Farben wirken, wenn Ihr Werkstück bemalt und lackiert ist.

▽ **Mit dem Schwamm wegtupfen**
Mit dem Schwamm aufs Geratewohl über den gestrichenen Bereich tupfen, wodurch ein verwischter, wolkiger Effekt entsteht. Den Schwamm von Zeit zu Zeit säubern, falls sich Farbe ansammelt.

Projekte

Ich liebe Verwandlungsszenen am Ende eines Theaterstücks, wenn sich alles und jeder in seiner vollen Pracht offenbart (das Märchen vom häßlichen Entlein, das sich in einen herrlichen Schwan verwandelt). Dieselbe Metamorphose erlebten meine alten, schäbigen Möbel und Accessoires, als sie bemalt, mit Papier-Motiven geschmückt und lackiert waren.

Falls Sie keine Lust haben, der Natur auf die Sprünge zu helfen, finden Sie in Haushaltswarengeschäften, Kaufhäusern und anderen Läden eine Fülle neuer Objekte zum Dekorieren, z. B. Holztabletts und -kästen, Metallkrüge oder Kohleneimer.

Holzkiste

Diese hübsche alte Holzkiste, mit Werkzeug gefüllt und ölverschmiert, habe ich im Schuppen meines Vaters gefunden. Da er ihre Herkunft nicht kannte, aber glaubte, sie habe höchstwahrscheinlich seinem Vater oder sogar Großvater gehört, konnte ich ihn überzeugen, daß es sich praktisch um ein antikes Stück handelte, das ein besseres Los verdiente.

Vorbehandlung

- Sandpapier, grobe und feine Körnung
- Acryllack zum Versiegeln
- Dispersionsfarbe
- Plakatfarbe, Gold

Dekorieren

- Papier-Ausschnitte
- Klebe-Roller
- Weißleim
- weicher Lappen und warmes Wasser
- Roller
- Kunstharzlack, transparent, matt
- Kunstharzlack, transparent, Hochglanz
- Pinsel zum Lackieren

Nach dem Abschrubben mit Bleichlauge, um das Öl zu entfernen, sah ich, daß die Kiste aus Kiefernholz bestand und abblätternde Reste einer alten Mattlack-Farbschicht über dem ockerroten Haftgrund aufwies. Da sich manche Leute stundenlang abmühen, um ein so »antikes« Aussehen zu erreichen, beschloß ich, die Außenseite zu belassen, wie sie war, und nur die Innenseite zwei- bis dreimal mit matter Dispersionsfarbe zu streichen, in einem Farbton, der zu den graugrünen Farbresten an der Außenseite paßte.

Vorbehandlung

Da die Kiste über und über mit Öl und Schmutz bedeckt war, mußte ich sie kräftig mit Bleichlauge und Reinigungsmittel scheuern. Normalerweise würde ich eine solche Behandlung nicht empfehlen, da sich die Maserung aufwirft, aber da ich dem Korb ohnehin Patina geben wollte, verstieß ich gegen diese Regel.

▲ *Die Holzkiste sieht nach dem Schrubben mit Bleichlauge echt »antik« aus.*

◀ *Nach dem Abschleifen der Innenseite habe ich die Kiste mit drei Schichten matter Dispersionsfarbe gestrichen. Sie wurde im Farbengeschäft mit einem Spezialgerät im gleichen Farbton wie die alte graugrüne Farbe an der Außenseite gemischt.*

Folglich mußte sie kräftig mit grobem und danach mit feinem Schleifpapier abgeschmirgelt werden, um die Oberfläche zu glätten. Danach wurden Außenseite und Tragegriff mit Acryllack versiegelt, damit das nun sehr poröse Holz den Leim (auf den Papiermotiven) nicht aufsaugt.

Die Innenseite wurde dreimal mit grüner Dispersionsfarbe gestrichen, die gemischt und genau auf den Farbton der Außenseite abgestimmt war. Viele Farbenfachgeschäfte bieten diesen Service an, und die Palette der Schattierungen ist riesig. Nach der zweiten und der dritten Schicht wurde die Oberfläche wieder leicht angeschliffen.

Als die Farbe einigermaßen trocken war, habe ich gut aufgerührte, unverdünnte, goldene Plakatfarbe auf die Oberkante der Kiste und die Kanten des Handgriffs gestrichen und mit den Fingern einmassiert, so daß an manchen Stellen das blanke Holz durchschimmerte, passend zum antiken Aussehen der Außenseite. Dann wurde alles nochmals mit Acryllack überzogen.

Dekorieren

Die Motive wurden auf der Kiste arrangiert, fürs erste mit Klebe-Roller fixiert und dann auf die Außenseite und den Handgriff geklebt.

Meine Engel waren so groß, daß ich den Heiligenschein umbiegen mußte. Er verschmolz harmonisch mit der goldfarbenen Oberkante, auch wenn eine solche Behandlung eines Heiligenscheines schnöde sein mag!

Wegen der Größe der Papiermotive mußte ich mit dem Roller den überschüssigen Klebstoff ausdrücken und mit einem warmen, feuchten Tuch wegwischen. Trotzdem drückte ich mit einer sauberen Fingerspitze noch einmal die Kanten an und prüfte, ob die Motive ringsum gut hafteten.

Mir gefiel die stumpfe Dispersionsfarbe, mit der die Kiste grundiert war; ich schuf einen Kontrast, indem ich die Innenseite mit Mattlack und die Außenseite mit Hochglanzlack versah.

Da ich einen Schmetterling auf die Innenseite geklebt hatte, mußte er genauso oft mit Klarlack überzogen werden wie die Motive auf der Außenseite, nämlich achtmal. Auf undekorierter Dispersionsfarbe hätten einige wenige Lackschichten ausgereicht.

◀ *Bei der Wahl der Motive überlegte ich, wofür man die Werkzeugkiste sonst noch verwenden könnte. Ich dachte, sie würde sich sehr gut in einer Kirche ausmachen, mit Kerzen oder Blumen gefüllt. Die byzantinischen Engel mit ihren goldenen Heiligenscheinen verleihen ihr genau diese sakrale Note.*

Tragkorb

Das Schönste bei Découpage-Arbeiten ist, daß ein altes Stück dadurch in neuem Glanz erstrahlt. Sie können sich nicht vorstellen, wie lädiert dieser Korb aussah, als ich ihn fand. Er starrte vor Schmutz und war teilweise angesengt. Dank einer kleinen Abwandlung der Découpage-Technik erlebte er eine Wiedergeburt und kann nun zum Aufbewahren des Strickzeugs, der Zeitung oder als Picknickkorb verwendet werden.

Vorbehandlung

- Ölfarbe, Mittelglanzglasur
- Schere
- Anstrichpinsel
- Stück nichtfransender Stoff für Motive, z. B. beschichtete Baumwolle
- Klebe-Roller
- Weißleim
- Staubtuch, fusselfrei
- Acrylfarbe
- Malpinsel
- Kunstharzlack, transparent, Hochglanz

Vorbehandlung und Dekorieren

◀ *Der schmutzstarrende Korb wurde vor dem Bemalen mit heißem Seifenwasser abgeschrubbt und nach dem Trocknen zweimal mit Ölfarbe gestrichen.*

▶ *Mit einer kleinen scharfen Schere wurden die Motive aus Stoff ausgeschnitten – genau wie bei Papier –, auf dem Korb arrangiert und fürs erste mit Klebe-Roller fixiert. Als mir die Anordnung gefiel, wurde die Rückseite jedes Teils großzügig mit Leim bestrichen.*

◀ *Die Motive wurden einzeln auf den Korb geklebt und mit einem heißen, feuchten Tuch in das Flechtwerk gepreßt.*

▶ *Zum Schluß wurden Korbrand und Handgriff zweimal mit Acrylfarbe gestrichen. Nach dem Trocknen überzog ich den ganzen Korb mit mindestens drei Schichten transparentem, hochglänzendem Kunstharzlack.*

Vorbehandlung

- Neue oder alte Gardinenstange, rund 6,5 cm Durchmesser, komplett mit Endstück und Gardinenringen
- Universal-Spachtel, fein (oder Holzpaste)
- Sandpapier, feine Körnung
- Staubtuch, fusselfrei
- Holzprimer (Haftgrund)
- Ölfarbe, Mittelglanzglasur
- Anstrichpinsel
- Terpentinersatz (zum Reinigen der Pinsel)

Dekorieren

- Größere Papiermotive für die Stange und kleinere, ähnliche für die Ringe
- Klarlack zum Versiegeln (wenn Stange nicht gestrichen wird)
- Weißleim
- Lappen, weich, fusselfrei
- Roller
- Kunstharzlack, transparent
- Staubtuch, fusselfrei
- Sandpapier, sehr feine Körnung
- Wachs

Viktorianische Gardinenstange

Diese Gardinenstange im viktorianischen Stil wurde mit 2,20 m Länge geboren und war dazu bestimmt, eine Terassentür am Ende meines Wohnzimmers zu schmücken. Sie mißt nun nicht mehr als 1,80 m und wird zu meinem Glück als Glanzlicht meines Schlafzimmerfensters dienen. »Zu meinem Glück« deshalb, weil eine Geschichte damit verbunden ist, die eine Moral enthält. Ich hatte eine alte, wunderschöne Gardinenstange in einem Antiquitätengeschäft gesehen, und da die Preise dort unerschwinglich waren, beschloß ich, mir das Rohmaterial zu besorgen und eine ähnliche zu fertigen.

Die antike Gardinenstange hatte einen Durchmesser von mindestens 6,5 cm, und damals schien es (fälschlicherweise), als gäbe es diese Größe neu nicht zu kaufen.

Die Suche nach einer alten Stange mit brauchbaren Ringen erwies sich als Alptraum, aber als ich endlich eine gefunden hatte, konnte mich nichts mehr abschrecken, nicht einmal die Tatsache, daß sie mit Holzwurmlöchern übersät war! Ich kann nicht behaupten, ich sei nicht gewarnt worden. Jeder, der mein Studio betrat, machte mindestens eine Bemerkung darüber, aber da man mir versichert hatte,

Holzwürmer wären längst nicht mehr vorhanden, und nachdem ich die Stange sicherheitshalber noch mit einem Mittel gegen Holzwürmer imprägniert hatte, begann ich trotz besseren Wissens, an den beiden Enden 2 cm tiefe Löcher für die Endstücke zu bohren.

Das erste Loch war »astrein«, aber beim zweiten brachen mindestens 30 cm von der Gardinenstange ab! Behaupten Sie also nicht, ich hätte Sie nicht gewarnt!

◁ *Es begann mit einem bunten Sammelsurium ... einer Stange, die schon bessere Tage gesehen hatte, recht ordentlich lackierten alten Gardinenringen und brandneuen Endstücken. Falls Ihre Gardinenstange genauso stark vom Zahn der Zeit befallen ist, sollte sie mit einem Mittel gegen Holzwürmer behandelt werden. Halten Sie sich dabei ganz genau an die Anleitungen des Herstellers.*

Vorbehandlung

Meine Gardinenstange war so alt, daß sie keine Politur oder Schutzlackschicht mehr besaß. Ist der Untergrund Ihrer Gardinenstange unversehrt, können Sie die Motive direkt aufkleben, aber vergessen Sie nicht, daß sich im Lauf der Jahre Fett und Nikotin darauf abgesetzt haben; wischen Sie die Stange also gründlich mit einem Lappen ab, der in heißes Seifenwasser getaucht und ausgewrungen wurde. Alte Farb- oder Klarlackreste sollten Sie durch Ablaugen entfernen (siehe S. 16).

Eine alte Gardinenstange weist vermutlich Risse und Schadstellen auf, die mit Spachtel egalisiert werden. Meine hatte kleine Löcher, so daß feiner Universal-Spachtel ausreichte. Bei größeren Schadstellen bietet Holzspachtel mehr Substanz. Lassen Sie das Füllmaterial gut durchtrocknen.

Dann wurde die Stange mit feinem Schleifpapier abgeschmirgelt und gut abgestaubt (siehe S. 19). Dieser Arbeitsschritt ist bei jeder Holzstange, die an-

▲ *Meine Gardinenstange brauchte neue Endstücke. Zum Glück fand ich fertig gedrechselte in passender Größe; ich mußte nur noch mit einem 2,5-cm-Spezialbohrer die Löcher anbringen. Die Endstücke werden erst angebracht, wenn die Gardinenstange fertig und mit Ringen bestückt ist.*

◀ *Die Papiermotive wurden auf der Stange arrangiert und fürs erste mit Klebe-Roller befestigt. Die Gardinenstange muß rundum gut aussehen, und so hielt ich nach schlecht haftenden Enden Ausschau, die sich ringeln und an unerwünschter Stelle wieder auftauchen konnten!*

gelaugt oder gespachtelt wurde, und auch bei einer brandneuen erforderlich. Dann habe ich gemäß den Hersteller-Anleitungen Haftgrund aufgetragen und trocknen lassen. Danach wurde die Oberfläche wieder angeschliffen und entstaubt. Anschließend strich ich sie drei- oder viermal mit Ölfarbe, wobei ich jede Schicht 24 Stunden trocknen ließ, abschmirgelte und entstaubte. Nun hatte ich eine seidige Oberfläche, die vor dem Aufkleben der Papiermotive nur ganz leicht mit Schmirgelpapier angerauht und wieder gut abstaubt werden mußte.

Oben an den Holzringen befanden sich kleine Metallösen, durch die ich ein Stück Schnur fädelte, um sie während des Trocknens aufzuhängen. Ich bearbeitete die Ringe genauso wie die Gardinenstange und überprüfte sie nach jeder aufgetragenen Schicht auf Farbtropfen.

Dekorieren

Wenn die Gardinenstange naturbelassen bleibt, wird sie nun samt Ringen und Endstücken mit Klarlack bepinselt. Beim Dekorieren denken Sie bitte daran, daß Innen- und Außenseite mit Motiven versehen sein sollten.

Sie können die Ausschnitte auf den Ringen in gleicher Reihenfolge anordnen, aber da ich mindestens 14 hatte, arrangierte ich sie aufs Geratewohl. Ich bestrich zuerst die Rückseite des größten Motivs mit Leim und klebte es auf die Stange. Da Gardinenstangen mit diesem Durchmesser großzügig gerundet sind, war es nicht zu schwierig, das Papier glatt aufzubringen.

Mit sauberen Fingerspitzen massierte ich das Motiv an Ort und Stelle ein; dann entfernte ich überschüssigen Leim.

Buckel im Papier, die infolge der Rundung entstehen, können abwechselnd mit den Fingerspitzen und einem heißen, feuchten Lappen geglättet werden. Sind die Buckel zu groß, lösen Sie das Papier vorsichtig von der Stange ab und kerben es ein, bevor es wieder aufgeklebt wird.

Bei größeren Design-Elementen sollten Sie den Roller benutzen, um überschüssigen Klebstoff herauszudrücken, der mit einem feuchten Lappen entfernt wird. Ich klebte die restlichen Motive auf Stange und Ringen fest. Nachdem ich beide Teile auf

schlecht haftende Ecken überprüft hatte, mußten sie 24 Stunden trocknen. Dann überzog ich sie mit zwei Klarlackschichten; nach jeder wurde die Oberfläche wieder leicht abgeschmirgelt und abgestaubt.

Zum Schluß wurden Stange und Ringe noch einmal ganz sanft angeschliffen und gewachst.

▽ *Ich habe die Ringe mit zwei Klarlackschichten überzogen, die jeweils 24 Stunden trocknen mußten und dann wieder abgeschliffen und abgestaubt wurden. Dann folgten sechs weitere Schichten, jedesmal gefolgt von Abschmirgeln und Entstauben. Zum Schluß habe die Oberfläche noch einmal sehr leicht angerauht und gewachst.*

Hutschachtel

Ich liebe Hutschachteln beinahe genauso sehr wie Hüte, und obwohl ich mehrere, verschieden dekorierte besitze, ist dieses Exemplar mein liebstes. Es ist nach viktorianischem Vorbild mit zahlreichen bunten Sammelbildchen mit erhabener Oberfläche geschmückt, die unseren Rosenbildchen entsprechen (siehe S. 7).

Vorbehandlung

- Hutschachtel aus Pappe
- Acryllack zum Versiegeln
- 2–3 Bögen dunkles Geschenkpapier
- Bleistift
- Schere
- Sandpapier
- Weißleim
- Lappen, weich, fusselfrei
- Roller

Dekorieren

- Mehrere Bögen mit Rosenbildchen (oder anderen Motiven)
- kleine gebogene Schere
- Klebe-Roller
- Lappen, weich, fusselfrei
- Kunstharzlack, transparent
- Anstrichpinsel
- Sandpapier, feine Körnung
- Staubtuch, fusselfrei

Echte alte Rosenbilder kann man mit etwas Glück auf Trödelmärkten aufstöbern. Neue finden Sie in manchen großen Schreibwarenläden und Kaufhäusern, wo es auch schlichte Hutschachteln gibt.

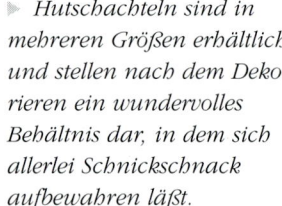

▶ *Hutschachteln sind in mehreren Größen erhältlich und stellen nach dem Dekorieren ein wundervolles Behältnis dar, in dem sich allerlei Schnickschnack aufbewahren läßt.*

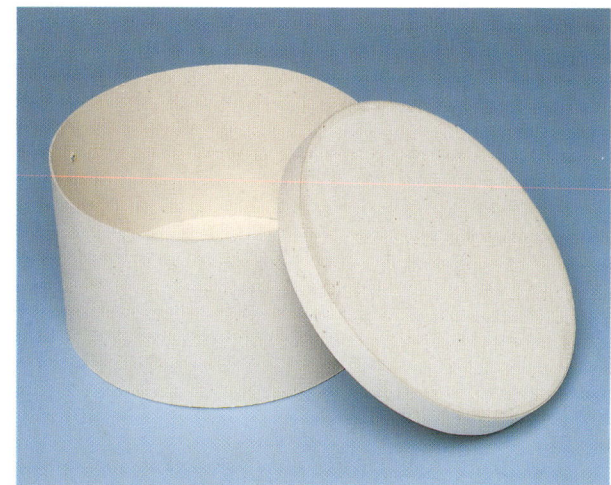

Vorbehandlung

- Hutschachtel zum Versiegeln der Oberfläche mit Acryllack einsprühen, damit der Leim nicht zu schnell vom Karton absorbiert wird, wenn Sie die Motive aufbringen.
- Während des Trocknens den Deckel auf die linke Seite eines Geschenkpapier-Bogens legen. Konturen leicht mit dem Bleistift nachzeichnen.
- Außerhalb des ersten Kreises freihändig einen zweiten Kreis im Abstand von ca. 2,5 cm zeichnen. Es macht nichts, wenn er dadurch nicht ganz gleichmäßig gerät.
- Kreis an der freihändigen Bleistiftlinie mit der Schere ausschneiden, so daß der erste Geschenkpapier-Kreis innen liegt, rund 2,5 cm von der Außenkante entfernt.
- Kreiskante ringsum im Abstand von ca. 2,5 cm einschneiden.

- Die Schritte für den Schachtelboden wiederholen; Boden mit einem kleinen »b« markieren, weil sich die beiden Teile in der Größe ähneln, aber unterschiedlich sind.
- Länge und Tiefe der Deckelkante messen; Geschenkpapier in entsprechender Länge, plus 2,5 cm mehr Tiefe, ausschneiden.
- Bleistiftlinie 2,5 cm von der Kante dieses Papiers entfernt und entlang der Länge einzeichnen.
- Kreiskante ringsum im Abstand von ca. 2,5 cm einschneiden.
- Die Schritte beim Ausschneiden eines Papierstücks wiederholen, das den Maßen der Schachtelseiten entspricht. Dabei 2,5 cm Tiefe zugeben.
- Rückseite des Papierkreises für den Deckel mit Leim bestreichen. Auf die Deckel-Außenseite legen, so daß die Fransenkante rundum herunterhängt.
- Tuch in warmes Wasser tauchen und auswringen.

Damit das Papier auf dem Deckel glätten. Von der Mitte nach außen arbeiten; auf überschüssigen Leim, Falten und Lufteinschlüsse achten. Zum Schluß mit dem Roller drüberfahren.

● Prüfen Sie, ob die Unterseite der Fransenkante noch genug Leim aufweist; nun rundum jede zweite Franse andrücken, danach die restlichen Fransen ankleben, so daß sie die ersten leicht überlappen.

● Schritte für den zweiten Kreis wiederholen, um den Boden der Hutschachtel zu bedecken.

● Rückseite des Streifens für die Deckelkante mit Leim bestreichen und rund um die Außenkante kleben, so daß die Fransenkante umgebogen und nach der gleichen Methode wie vorher an der Deckelinnenseite festgeklebt werden kann.

● Beim Streifen für die Schachtelseiten wiederholen; auch hier die Fransenkante an der Innenseite der Schachtel festkleben.

● Hutschachtel-Seiten besonders sorgfältig glätten, indem Sie Stück für Stück mit dem Tuch über das Papier wischen.

Dekorieren

Obwohl die Rosenbildchen ausgeschnitten sind, müssen Sie vermutlich nacharbeiten und hier und da einige kleinere Motive für den Hintergrund ausschneiden.

● Wählen Sie einige größere Motive als Mittelpunkt Ihres Designs. Auch wenn sie aussehen, als wären sie aufs Geratewohl aufgeklebt, ist ein Entwurf empfehlenswert.

● Sie müssen nicht alle Teile, sondern nur die Hauptelemente mit Klebe-Roller auf der Schachtel fixieren. Das erinnert Sie daran, welche Motive Vorrang haben sollen.

● Nach dem Befestigen der Hauptelemente mit Klebe-Roller können Sie mit dem Aufkleben beginnen. Jedes Motiv mit einem warmen, feuchten Lappen andrücken; achten Sie darauf, daß alle Ecken fest haften. (Bei dieser Découpage-Form dürfen Sie die Rosenbildchen überlappend aufkleben oder auch gelegentlich eine kleine Lücke lassen, wenn Sie das Geschenkpapier klug ausgewählt haben.)

● Sobald die Schachtel-Außenseite vollständig mit Motiven beklebt ist, tragen Sie vier Klarlackschichten auf, die jeweils 24 Stunden trocknen müssen.

● Nach dem Trocknen der vierten Schicht die Schachtel ringsum sehr leicht mit Schleifpapier anrauhen und entstauben (siehe S. 19). Da bei dieser Form der Découpage eine unebene Oberfläche entsteht, müssen Sie aufpassen, daß Sie nicht zu fest abschmirgeln und die Motive beschädigen. Bei einer solchen Panne läßt sich der Schaden ohne größere Schwierigkeiten mit haftenden Buntstiften beheben (siehe S. 22), die mit der Fingerspitze vorsichtig auf dem Originaldruck verteilt werden. Mit Klarlack versiegeln und weitere Lackschichten auftragen; denken Sie daran, daß diese Stelle beim weiteren Abschleifen sehr empfindlich sein könnte.

● Sie allein entscheiden über die Anzahl der Lackschichten, aber im Idealfall sollten Sie erst aufhören, wenn die Kanten der Motive nicht mehr zu spüren sind. Dazu sind mindestens 20 weitere Lackschichten erforderlich, wobei die Oberfläche jedesmal wieder angeschliffen und gut abgestaubt wird.

▲ *Ich hatte Glück und fand Geschenkpapier mit viktorianischen Sammelbildern. Dunkles Geschenkpapier erfüllt den gleichen Zweck; es sollte jedoch eine helle Rückseite haben, damit Sie die Konturen genau nachzeichnen und ausschneiden können.*

Auskleiden der Hutschachtel

- 2 Bögen Geschenk-
papier
- Bleistift
- Schere
- Weißleim
- Lappen, weich,
fusselfrei
- Acryllack zum
Versiegeln
- Klarlack, matt

▽ *Rosenbildchen sind oft,
teilweise ausgeschnitten, in
Bögen erhältlich. Die Ränder müssen sauber nachge-
schnitten werden.*

Ich weiß, daß die Versuchung stark ist, nach einigen weiteren Lackschichten aufzuhören. Doch wenn
Sie dem Drang widerstehen, werden Sie mit Motiven
belohnt, die unter zahlreichen, sanft glänzenden
Lackschichten in satten Farbtönen erstrahlen.

Auskleiden der Hutschachtel

- Deckel und Schachtel auf die linke Seite des Ge-
schenkpapiers legen; Konturen nachzeichnen.
- Kreise ausschneiden und markieren, so daß Sie
wissen, welcher wohin gehört.
- Zwei Streifen für die Schachtel- und Deckelseiten
zuschneiden; folgen Sie dabei den Anleitungen für
die Außenseite.
- Fransenkante des Schachtelstreifens zur rechten
Seite des Papiers umbiegen und fest kniffen.
- Papier glatt ausbreiten; großzügig mit Leim be-
streichen und in die Schachtel einpassen, so daß die
Fransenkante umgebogen und auf den Schachtel-

boden geklebt wird. Fransenkante genauso befestigen; dann das Ganze mit einem Tuch glätten, das
in warmes Wasser getaucht und ausgewrungen
wurde.
- Deckelseite gleichermaßen auskleiden.
- Kreis für den Schachtelboden mit Leim bestreichen. So festkleben, daß die Fransenkante der Seiten
vollständig bedeckt ist. Wie beim Deckel mit dem
Lappen glätten.
- Kreis für den Deckel gleichermaßen festkleben.
- Nach dem Trocknen das Ganze einmal mit Acryllack überziehen, gefolgt von einer Mattlack-Schicht.

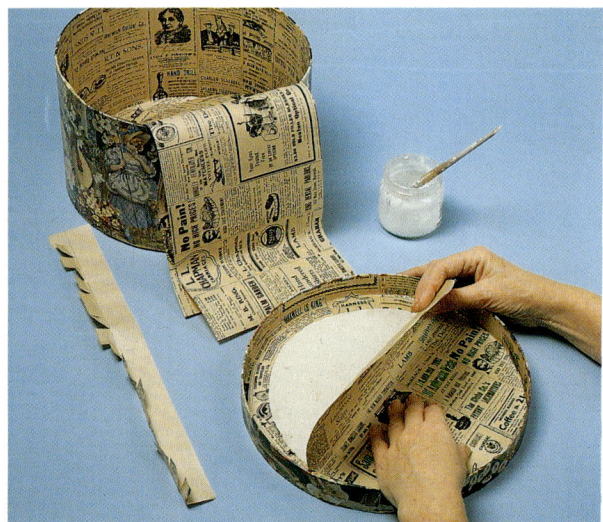

△ *Die alte Zeitung, die
meiner viktorianischen
Hutschachtel einen Hauch
von Echtheit verleiht, ist in
Wirklichkeit modernes Ge-
schenkpapier. Sie können
auch Papier in einer neu-
tralen Farbe mit kleinen
Motiven verwenden.*

Schleife

- 1 m weißer Futterstoff
- Schere
- Stecknadeln
- 1 Rolle weißes Baumwollnähgarn
- Leim oder Wäschestärke
- 2 Plastik-Tragetaschen
- 1 Flasche Acrylfarbe, Mohnrot
- Pinsel
- Klarlack

Versteifte Schleife fertigen

Die Hutschachteln sind in verschiedenen Größen erhältlich, so daß Sie die Maße Ihrer Schleife ausrechnen müssen. Meine Hutschachtel hatte einen Durchmesser von 30 cm; bei gleicher Größe halten Sie sich an folgende Anleitungen:

- Drei Stoffstreifen zuschneiden: zwei Streifen mit 60 x 25 cm, ein Streifen mit 45 x 25 cm.
- Längs zur Hälfte zusammenfalten. Die Hälfte der ungefalteten Längskante jedes Streifens mit einer Stecknadel markieren.
- Einen der größeren Streifen an der Längskante mit der Maschine vom Ende bis 5 cm vor der Stecknadel zusammennähen. Beim anderen Ende wiederholen, so daß in der Mitte der ungefalteten Längskante eine Lücke von 10 cm bleibt. Streifen an dieser Stelle verstürzen und die Lücke zusammenheften.
- Streifen mit den Händen flach ausbreiten. Die Hälfte der Längskante mit einer Stecknadel markieren. Beide Enden zur Mitte falten, so daß sie an diesem Punkt bündig zusammentreffen. Beide Enden mit der Maschine festnähen, so daß rechts und links eine Schlaufe entsteht.
- Arbeitsschritte mit dem kurzen Streifen wiederholen. Dann die kurze Schleife auf die längere legen, mit den glatten Seiten zuoberst.

▶ *Überschüssiges Material wegschneiden, so daß der Streifen an beiden Enden in einer Spitze ausläuft.*

- Den längeren Streifen nehmen und 5 cm von der Stecknadel in der Mitte entfernt mit dem Nähen beginnen. Rund 5 cm gerade, dann allmählich eine gebogene Linie steppen; dabei auf die gegenüberliegende Ecke des Streifens zielen.
- Mit der anderen Seite genauso verfahren, so daß auch hier wieder eine 10 cm breite Lücke in der Mitte bleibt. Überschüssigen Stoff wegschneiden, so daß Ihr Streifen nun an beiden Enden spitz zuläuft. Streifen nach rechts verstürzen und die Lücke schließen.
- Spitz zulaufenden Streifen eng um die Doppelschleife knoten, so daß er die Stiche in der Mitte bedeckt.

Schleife versteifen

- Wäschestärke nach Anweisung zubereiten; wenn sie verdünnt werden muß, ein bißchen weniger Wasser als empfohlen benutzen. Leim in warmem Wasser auflösen (1 Teil Leim auf 4 Teile Wasser).
- Schleife vollständig in die Lösung tauchen; gründlich auswringen, dann auf einem Brett arrangieren.
- Tragetaschen in drei oder vier Stücke zerschneiden. Schlaufen damit ausstopfen, bis sie trocken sind. Sie können die Enden auch noch kräuseln oder fälteln. Seien Sie dabei nicht zu pedantisch … die Schleife wirkt besser, wenn sie locker fällt.
- Nach dem Trocknen die Schleife vom Brett nehmen und zweimal mit Acrylfarbe streichen.
- Sobald die Farbe trocken ist, die Schleife mit zwei Klarlackschichten versehen und auf die Schachtel kleben.

Emailkrug

Solche Krüge haben unglaublich elegante Linien, die nach dem Dekorieren noch klarer hervortreten. Dieses Exemplar wurde in einem »toten« Blau gestrichen, das geradezu nach Spannung lechzte, bevor es von dynamischen Anemonen belebt wurde.

Vorbehandlung

- Pinsel
- Rostschutzgrund, Rotbraun (Rostprimer)
- Sandpapier, feine Körnung
- Dispersionsfarbe
- Staubtuch, fusselfrei
- Acryllack zum Versiegeln

Dekorieren

- Papier-Ausschnitte
- Klebe-Roller
- Weißleim
- Lappen, weich, fusselfrei
- Roller
- Acrylfarbe
- Pinsel
- Kunstharzlack, transparent
- Sandpapier, feine Körnung
- Staubtuch, fusselfrei
- Wachs

Die Anemonenbilder waren natürlich für den Henkel zu groß. Deshalb verzierte ich ihn mit einer feinen blauen Linie. Um den gesamten Entwurf stimmig zu machen, verwendete ich dieselbe Farbe für den oberen Rand des Kruges.

▶ *Emailkrüge sind in manchen Haushaltswarengeschäften und Kaufhäusern erhältlich. Meinen fand ich auf einem Trödelmarkt: Er war von einer dicken Rostschicht bedeckt, die als erstes entfernt werden mußte (siehe S. 18).*

◀ *Wenn Sie die Oberfläche erstmals mit feiner Drahtwolle und Rostentferner abreiben, werden Sie kaum glauben, daß alle Roststellen verschwinden. Bei starkem Rostbefall warten Sie fünf Minuten später noch immer, aber Sie werden das Wunder erleben!*

▶ *Der Krug wurde innen und außen zweimal mit Rostprimer gestrichen und nach dem Trocknen wieder leicht abgeschmirgelt und gut abgstaubt. Dann habe ich ihn mehrmals mit verdünnter Dispersionsfarbe lackiert (S. 11) und mit einer Schicht Acryllack versiegelt.*

Dekorieren

Die Motive wurden mit Klebe-Roller fixiert, wobei ich darauf achten mußte, daß herunterhängende Enden nicht mit anderen Teilen der Papier-Ausschnitte in Berührung kamen, die sich rund um den Krug wanden. Die Schmetterlinge legte ich zuletzt an einer Stelle auf, an der sie einen Ausgleich zum weitläufig verstreuten Muster schufen.

Als ich mit der Anordnung der Motive zufrieden war, wurde jedes Teil an seinen Platz geklebt; zuerst strich ich mit dem Tuch, dann mit dem Roller darüber, um überschüssigen Leim auszudrücken.

Danach überprüfte ich nochmals alle Kanten mit der Fingerspitze und wischte mit einem Tuch darüber, das ich in warmes Wasser getaucht und ausgewrungen hatte.

Der undekorierte Handgriff wirkte stiefmütterlich; deshalb malte ich eine rote Linie in der Mitte auf, im gleichen Farbton wie die Anemomen. Sie war genauso breit wie der obere Rand des Kruges, den ich in der gleichen Farbe strich.

Nach dem Trocknen überzog ich den Krug mit zwei Kunstharzlack-Schichten, die jeweils 24 Stunden trocknen mußten. Dann schmirgelte ich die Oberfläche sehr sanft mit feinem Sandpapier ab. Anschließend wurde der Krug noch sechsmal farblos lackiert, zwischen jeder Schicht wieder abgeschliffen und entstaubt (siehe S. 19) und am Schluß gewachst (siehe S. 24).

◀ *Eine kleine Schere ist ideal für die zerklüfteten Formen dieser Blumen; mit der größeren Schere wird das Papier in handliche Teile zerschnitten.*

Schreibtisch

Als ich beschloß, einen kleinen Schreibtisch mit Découpage zu verschönern, sah ich mich in allen Ramschläden um. Da ich nichts Passendes gefunden hatte, beschloß ich kurzerhand, dieses »gute Stück« zu nehmen, das ich in einem Pferdestall aufspürte.

Vorbehandlung

- Holzspachtel
- Sandpapier, mittlere Körnung
- Sandpapier, feine Körnung
- Staubtuch, fusselfrei
- Haftgrund, wasserlöslich
- Dispersionsfarbe, cremeweiß
- Pinsel
- Klarlack zum Versiegeln

Dekorieren

- Papier-Ausschnitte
- Klebe-Roller
- Weißleim
- Roller
- Lappen, weich, fusselfrei
- Sandpapier, feine Körnung
- Staubtuch, fusselfrei
- Reißlack (Grundlack und Krakeliermittel)
- Bootslack

Ich muß gestehen, daß er nicht ganz meinen Vorstellungen entsprach. Er war häßlich, roch nach Pferden und war so groß, daß ich ihn in Einzelteile zerlegen mußte, um ihn durch die Haustür zu bugsieren. Aber dieses Objekt stellte eine echte Herausforderung dar, und nun, da er fertig ist, bin ich sehr stolz darauf.

Vorbehandlung

Da ich viel Zeit bei der Suche nach dem Schreibtisch aufgewendet hatte, wollte ich die Trockenzeiten verkürzen. Ich benutzte wasserlösliche Materialien, aber zunächst wurde das Möbelstück mit heißem Seifenwasser abgeschrubbt, um den Pferdegeruch loszuwerden, der ihm anhaftete! Nach dem Trocknen füllte ich Löcher und Risse mit Holzkitt. Als die Spachtelmasse trocken war, wurde der Schreibtisch zuerst mit mittelfeinem, dann mit feinem Sandpapier abgeschmirgelt und anschließend gründlich entstaubt (siehe S. 19).

Nun wurde er zweimal mit wasserlöslichem, weißem Haftgrund vorgestrichen, wobei jede Schicht gemäß Hersteller-Anweisung trocknen mußte. Dann folgten acht Schichten verdünnter Dispersionsfarbe (siehe S.19); nach der dritten und jeder nachfolgenden Schicht wurde die Oberfläche wieder leicht abgeschliffen und entstaubt. Als ich ein glattes, seidiges Finish hatte, versiegelte ich den Schreibtisch rundum mit Klarlack.

◄ *Um die Trockenzeiten zu verkürzen, verwendete ich wasserlösliche Materialien. Doch zuerst wurde das Möbelstück mit heißem Seifenwasser abgeschrubbt (S. 17), um den Pferdegeruch loszuwerden, der ihm anhaftete!*

Dekorieren

Ich ordnete die Motive so an, daß mein Muster aus jedem Winkel ausgewogen wirkte, und fixierte sie fürs erste mit Klebe-Roller. Als mir das Design gefiel, entfernte ich die Teile Stück für Stück und bestrich die Rückseite mit Leim, bevor ich sie auf ihren festgelegten Platz klebte. Dann fuhr ich mit dem Roller darüber, um überschüssigen Leim auszudrücken, den ich mit einem feuchten Tuch entfernte. Danach überprüfte ich nochmals die Ränder jedes einzelnen Motivs und klebte abgelöste wieder an.

Nach dem Trocknen der Motive hielt ich nach glänzenden, getrockneten Leim-Tupfern Ausschau. Sie wurden sorgfältig mit einem Tuch weggewischt, das ich in warmes Wasser getaucht und ausgewrungen hatte. Dann mußte alles wieder für kurze Zeit trocknen.

Nun überzog ich den Schreibtisch mit drei Acryllack-Schichten, die jedesmal trocknen mußten. Als die letzte Schicht einigermaßen trocken war, wurde der Schreibtisch mit feinem Sandpapier sehr sanft angeschliffen und entstaubt.

Danach folgten weitere Lackschichten, die abgeschmirgelt und gut abgestaubt wurden, bis die Ränder der Motive nicht mehr zu spüren waren.

Der Schreibtisch sollte antik aussehen, und deshalb behandelte ich ihn mit Reißlack und Krakeliermittel (siehe S.25). Zum Schluß versiegelte ich ihn zweimal mit Bootslack; zwischen den beiden Schichten wurde er wieder angeschliffen und entstaubt.

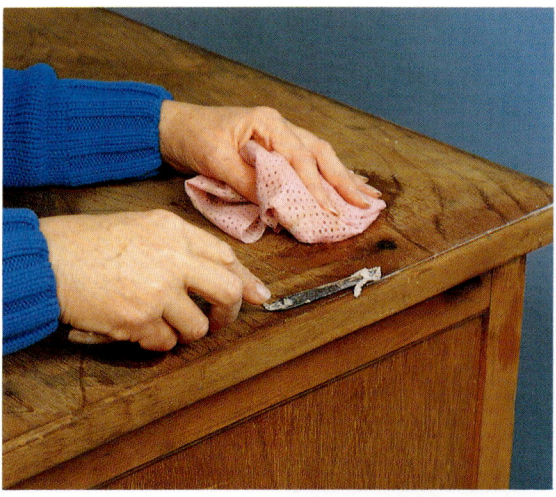

Nach dem Trocknen wurden Löcher und Risse mit Holzkitt egalisiert. Als die Spachtelmasse trocken war, wurde die gesamte Oberfläche abgeschliffen.

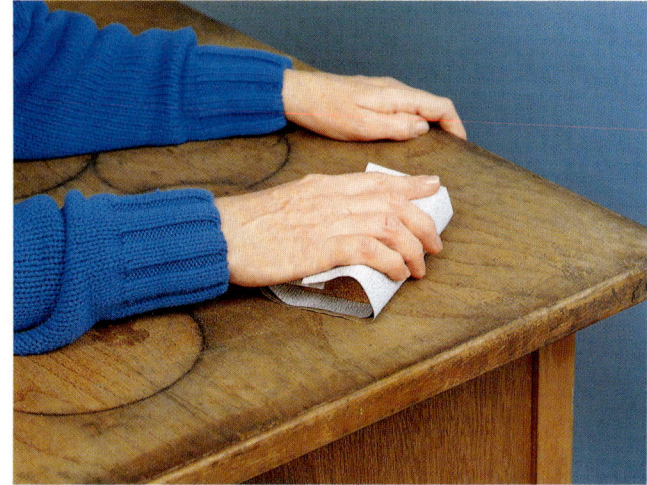

Das Abgeschmirgeln erfolgte mit Schleifpapier mittlerer, dann feiner Körnung; danach wurde alles kräftig »entstaubt«.

Nun wurde der Schreibtich zweimal mit weißem Haftgrund vorgestrichen, der nach Hersteller-Anweisung trocknen mußte. Dann folgten acht Schichten verdünnter Emulsionsfarbe (siehe S. 19), wobei die Oberfläche nach der dritten und jeder nachfolgenden Schicht wieder leicht angeschliffen und gut abgestaubt wurde. Als das Finish glatt und seidig war, wurde das alles mit Klarlack versiegelt.

Spiegel

Schmetterlinge, Käfer und Vögel sind als harmonischer Ausgleich oder verbindendes Element so wichtig, daß ich selten ein Muster ohne sie entwerfe. So erging es mir mit dem Spiegel fürs Kinderzimmer, den ich mit den Illustrationen von Lawson Wood schmückte.

Vorbehandlung

- Holzspachtel
- Sandpapier, mittlere und feine Körnung
- Staubtuch, fusselfrei
- Holzknauf für die Schublade
- Holzleim
- Holzprimer (Haftgrund)
- Ölfarbe, Mittelglanzglasur
- Pinsel
- Terpentinersatz (zum Säubern der Pinsel)

Dekorieren

- Papier-Ausschnitte
- Klebe-Roller
- Weißleim
- Lappen, weich, fusselfrei
- Roller
- Kunstharzlack, transparent
- Pinsel
- Material zum Patinieren (S. 24)
- Wachs

Wie ich die Bilder auch anordnete, dem Design fehlte es immer an Geschlossenheit, bis ich die kleinen, dunklen Schmetterlinge fand. Sie lenkten nicht von den Illustrationen ab, sondern dienten vielmehr als harmonisches Bindeglied.

Vorbehandlung

Als ich den Spiegel kaufte, war er mit einer dicken, schlecht aufgetragenen Farbschicht überzogen, und ich mußte ihn zuerst ablaugen lassen. Dadurch wurden Risse und Löcher sichtbar, die vorher unter der Farbe verborgen waren; ich besserte die Schadstellen mit Holzspachtel aus.

Nach dem Trocknen schmirgelte ich das Möbelstück zuerst mit Sandpapier mittlerer, dann in feiner Körnung ab. Anschließend wurde es gründlich entstaubt.

Als nächstes bohrte ich an entsprechender Stelle ein Loch und leimte den Knauf an. Dann strich ich den Spiegel zweimal mit Haftgrund, wobei die Oberfläche jedesmal angeschliffen und entstaubt wurde, gefolgt von drei Schichten Farbe, die jeweils 24 Stunden trocknen mußten.

Dekorieren

Ich ordnete die Papiermotive mit Klebe-Roller immer wieder neu an, bis mir das Design gefiel. Dann entfernte ich jedes Teil einzeln, bestrich es mit Leim und klebte es an seinen festgelegten Platz. Die kleinen Motive wurden mit der sauberen Fingerspitze und mit einem Tuch weggewischt, das ich in warmes Wasser getaucht und ausgewrungen hatte. Über die größeren fuhr ich mit dem Roller, um überschüssigen Leim auszudrücken.

Nach dem Trocknen hielt ich nach losen Ecken oder getrockneten Leimtupfern Ausschau, die ich

▲ *Der Spiegel war von einer dicken, schlecht aufgetragenen Farbschicht überzogen, als ich ihn kaufte. Sie wurde in einer Ablaugerei entfernt.*

wieder anklebte bzw. mit einem warmen, feuchten Tuch wegwischte.

Dann überzog ich den Spiegel mit acht Klarlackschichten; nach der zweiten und allen weiteren Schichten wurde die Oberfläche wieder sehr leicht angeschliffen und entstaubt.

Als die letzte Lackschicht trocken war, behandelte ich den Spiegel mit Patinierflüssigkeit (siehe S. 24) und ließ ihn einige Tage trocknen, bevor er ein letztes Mal lackiert und am nächsten Tag gewachst wurde (siehe S. 24).

▲ *Um dem Spiegel ein antikes Aussehen zu verleihen, wurde er mit reichlich Patinierflüssigkeit bestrichen. Sie muß in alle Winkel und Spalten gelangen und so lange antrocknen, bis sie stumpf wirkt.*

▲ *Beim Ablaugen wurden Risse und Löcher sichtbar, die zuvor unter der Farbe verborgen waren. Ich egalisierte sie mit Holzspachtel.*

◄ *Sieht die Patinierflüssigkeit stumpf aus, wird sie mit einem sauberen Pinsel ins Holz eingearbeitet, vor allem dort, wo sich im Lauf der Jahre Schmutz angesammelt hätte. Dann wurde sie mit einem Nylonstrumpf-Knäuel leicht wieder abgerieben. An den stärker beanspruchten Stellen, z. B. rund um den Knauf, habe ich sie kräftiger weggerieben.*

Kuchenständer

Die sonntägliche Kaffeezeit erhält eine ganz besondere Note mit einem solchen Kuchenständer. Er war weiß gestrichen, als ich ihn fand, doch nach dem Ablaugen enthüllte sich eine orangefarbene Lackfarbe, die so lebhaft die 30er Jahre heraufbeschwor, daß ich es kaum erwarten konnte, mich an die Arbeit zu machen.

Vorbehandlung
- Material zum Entfernen der alten Farbe
- Grundierfarbe, wasserlöslich
- Sandpapier, mittlere und feine Körnung
- Staubtuch, fusselfrei
- schwarze Dispersionsfarbe
- Acryllack zum Versiegeln
- Pinsel

Dekorieren
- Papier-Ausschnitte
- Klebe-Roller
- Weißleim
- Roller
- Lappen, weich, fusselfrei
- Acryllack
- Staubtuch, fusselfrei
- Bootslack
- Wachs

Solche alten Kuchenständer findet man bisweilen in Trödelläden, aber ich warne Sie: Sie besitzen einen Zauber ganz eigener Art, und bevor Sie sich versehen, servieren Sie darauf vielleicht auch noch Appetithäppchen auf Spitzendeckchen aus Papier.

Vorbehandlung
Nach dem Entfernen der alten Farbe (siehe S. 16) wurde der Ständer grundlich mit mittlerem und feinem Sandpapier abgeschliffen. Das Ablaugen hatte das Holz indessen sehr »ausgelaugt«, so daß es mehr-mals mit wasserlöslicher Grundierung vorgestrichen werden mußte, bevor es wieder leicht mit feinem Sandpapier abgeschmirgelt und entstaubt wurde. Dann trug ich zwei Schichten schwarze Dispersionsfarbe auf, die ebenfalls sanft weggeschliffen wurden, bevor ein letzter Anstrich mit Dispersionsfarbe und eine Lackschicht zum Versiegeln folgten.

Dekorieren
Ich ordnete und fixierte die Papier-Motive mit Klebe-Roller auf dem Kuchenständer. Als mir die Gesamt-wirkung gefiel, entfernte ich sie Stück für Stück, be-

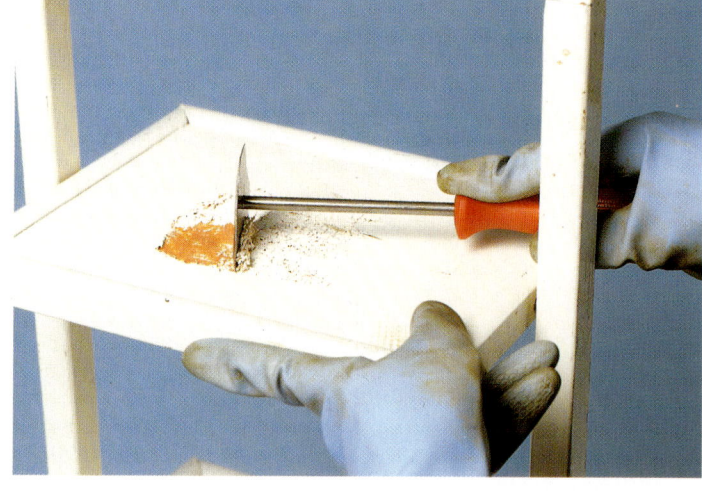

◁ *Der Kuchenständer aus den 30er Jahren war ziemlich ramponiert, als ich ihn erstand, aber er verriet einen gewissen »Stil«.*

▲ *Nach Entfernen der alten Farbe (S. 16) wurde der Ständer gründlich mit mittlerem und feinem Sandpapier abgeschliffen. Durch das Abbeizen war das Holz »ausgelaugt« und brauchte mehrere Schichten wasserlösliche Grundierfarbe, bevor die Oberfläche mit feinem Sandpapier wieder leicht angeschliffen wurde.*

strich die Rückseite mit Leim und klebte sie an ihrem alten Platz fest.

Da es sich ausnahmslos um große Motive handelte, fuhr ich mit dem Roller darüber, um überschüssigen Leim auszudrücken. Mit einem warmen, feuchten Lappen wurden die Klebstoffreste entfernt und alle Kanten noch einmal angedrückt.

Nach dem vollständigen Austrocknen überzog ich den Ständer drei- oder viermal mit Acryllack; die letzte Schicht schmirgelte ich nach dem Trocknen sehr

leicht wieder ab. Dann wurde das Ganze entstaubt, bevor weitere Lackschichten folgten, die ich jedesmal wieder abschliff und gut abstaubte, bis die Papiermotive darunter verborgen und nicht mehr spürbar waren.

Die letzte Schicht wurde nach dem Trocknen leicht angerauht; dann versiegelte ich den Ständer mit einer Schicht Bootslack. Zum Schluß wurde er gewachst und auf Hochglanz poliert. Von Zeit zu Zeit wachse ich ihn erneut.

◁ Da die Motive groß waren, fuhr ich mit dem Roller über jedes einzelne, um überschüssigen Leim auszudrücken. Er wurde mit einem warmen, feuchten Lappen entfernt, mit dem ich gleichzeitig alle Ränder andrückte.

▷ Nach dem Auftragen der letzten Klarlackschicht wurde der Ständer mit Wachs eingerieben, bis er glänzte. Um den Glanz zu erhalten, sollte er von Zeit zu Zeit erneut gewachst werden.

Puppenwiege

Mir tut die arme alte Puppe leid, die in dieser Wiege schlafen mußte. Als ich sie kaufte, trug sie eine dicke, häßliche rosa Farbschicht und war mit Rundkopfschrauben gespickt.

Ich brachte die Wiege auf dem Heimweg zur Ablaugerei. Einige Tage später, als ich sie abholte, mußte ich zu meinem Entsetzen feststellen: Die Farbe war besonders widerstandsfähig, extra fürs »Kinderzimmer« gedacht, und sollte nicht abgehen!

Vorbehandlung

- Sandpapier, grobe Körnung
- Holzspachtel
- Sandpapier, feine Körnung
- Staubtuch, fusselfrei
- Holzprimer (Haftgrund)
- Pinsel
- Ölfarbe, weiß, Mittelglanzglasur
- weißes Papier
- Terpentinersatz (zum Reinigen der Pinsel)
- Künstler-Ölfarben (aus der Tube, Ultramarin und Umbra)
- Musterglas, mit Klarlack bestrichen (siehe S.27)

Dekorieren

- Papier-Ausschnitte
- Klebe-Roller
- Weißleim
- Roller
- Lappen, weich, fusselfrei
- Kunstharzlack, transparent
- Pinsel

Die Ablaugerei hatte ihr Bestes getan, aber es blieb immer noch eine dünne Farbschicht zurück, die ich abschliff und so schnell wie möglich überstrich.

Als ich die Schrauben ausgetauscht und die Wiege frisch bemalt hatte, wirkte sie so bezaubernd nostalgisch, daß sich moderne Motive nicht gut darauf gemacht hätten. Die Zeichnungen der im Park spielenden Kinder, die an vergangene Zeiten erinnern, paßten genau dazu.

Vorbehandlung

Nach dem Ablaugen kommt es oft vor, daß sich die Holzmaserung aufwirft (vor allem beim Abbeizen, siehe S. 17). Deshalb müssen Sie das Werkstück leicht mit grobem Sandpapier abschmirgeln und feststellen, wo Sie Holzspachtel verwenden müssen.

Ich schliff die Wiege ab, egalisierte alle Löcher, Risse und Verschleißstellen mit Holzspachtel und ließ das Ganze trocknen. Dann wurde die Wiege wieder

◁ *36 Rundkopfschrauben ragten aus der Puppenwiege, als ich sie kaufte. Sie wurden entfernt und durch Senkkopfschrauben ersetzt. Danach mußte ich die Löcher spachteln und die Oberfläche gründlich abschmirgeln, bevor die eigentliche Arbeit beginnen konnte.*

▷ *Für das zarte Lavendelblau wurde ca. 2,5 cm Ultramarin-Ölfarbe mit einem Hauch Umbra und gerade so viel Terpentinersatz angerührt, daß die Mischung eine cremige Konsistenz erhielt. Dann fügte ich nach und nach weiße Farbe hinzu, bis ich den richtigen Farbton getroffen hatte.*

mit feinem Schleifpapier bearbeitet, bis sie glatt war, und entstaubt (siehe S.19). Nun trug ich nach Anweisung auf der Blechdose Holzprimer auf; die Oberfläche wurde nach dem Trocknen wieder leicht angeschliffen und gut abgestaubt.

Dann rührte ich die Farben für die Grundierung an (S.19) und strich ein wenig von der Mischung auf ein Stück weißes Papier. Ich begutachtete das Ergebnis durch mein lackbestrichenes Musterglas (S.27), um notfalls Korrekturen vorzunehmen. Mit dieser Grundfarbe wurde die Wiege drei- oder viermal im Abstand von 24 Stunden gestrichen und jede Schicht wieder leicht angeschliffen und entstaubt, bevor ich die Motive aufklebte. (Widerstehen Sie der Versuchung, schneller vorzugehen, da Sie der Farbmischung bereits zusätzliches Öl beigegeben haben, wodurch sich die Trockenzeit verlängert.) Dann wurde die Oberfläche wieder leicht angeraut und entstaubt.

Dekorieren

Ich ordnete die Motive auf der Wiege und fixierte sie mit Klebe-Roller. Dann klebte ich sie einzeln mit Hilfe der Finger und des Rollers an, um überschüssigen Leim unter dem Papier auszudrücken. Er wurde mit einem warmen, feuchten Tuch entfernt.

Ich prüfte, ob jedes Teil sicher haftete, bevor ich mit den Fingerspitzen die Kanten rundum andrückte. Dann klebte ich lose Enden mit einem leimbestrichenen Cocktailstäbchen an. Vor dem Lackieren hielt ich nach glänzenden, getrockneten Klebstofftupfern Ausschau, die mit einem warmen, feuchten Tuch weggewischt wurden.

Dann lackierte ich die Wiege zweimal im Abstand von 24 Stunden mit Kunstharzlack. Danach wurde die Oberfläche wieder leicht angeschliffen, wobei ich darauf achtete, die Papiermotive nicht zu beschädigen.

Dann wurde die Wiege erneut entstaubt, lackiert, angeschliffen und wieder gründlich abgestaubt, bis die Ränder der Papiermotive nicht mehr zu spüren waren.

Bei so vielen Lackschichten erhalten die Originalfarben unweigerlich einen Gelbschimmer, was harmonisierend wirken kann. Da Sie für dieses Projekt Ihre Farbe selber mischen, können Sie den Effekt vorab durch Ihr Musterglas (S.27) begutachten und Anpassungen vornehmen.

Sobald Sie mit dem Lackieren beginnen, erweisen sich alle losen Enden und Ränder als Problem. Also prüfen Sie lieber mehrmals nach!

Kommode

Die klobige alte Kommode wirkte beim Kauf nicht sehr reizvoll, bot aber einigen Stauraum. Ursprünglich wollte ich Spielzeug darin aufbewahren, aber nachdem sie neue Griffe und zwei oder drei cremeweiße Farbschichten erhalten hatte, kam mir die Idee, sie mit Rosengirlanden zu schmücken und »auf alt« zu trimmen. Ich wette, daß sie irgendwann im Eßzimmer landet!

Vorbehandlung

- Terpentinersatz
- Stahlwolle, fein
- Holzspachtel
- Holzprimer (Haftgrund)
- Sandpapier, feine Körnung
- Staubtuch, fusselfrei
- Ölfarbe, cremeweiß, Mittelglanz
- Pinsel

Dekorieren

- Papier-Ausschnitte
- Klebe-Roller
- Weißleim
- Roller
- Lappen, weich, fusselfrei
- Kunstharzlack, transparent
- Reißlack und anderes Patinier-Material (S.24)
- Pinsel
- Wachs

▲ *Obwohl die Kommode klobig und mit häßlichen Griffen versehen war, hatte sie eine makellose Oberfläche. Sie mußte nur noch mit feiner Stahlwolle und Terpentinersatz abgeschliffen werden.*

▶ *Ich habe die Löcher der alten Griffe zugespachtelt und die neuen Holzgriffe zweimal mit Primer gestrichen. Dann wurde die Kommode mit feinem Sandpapier abgeschliffen und entstaubt (siehe S. 19).*

Vorbehandlung

Abgesehen von den Löchern an den Stellen, wo die alten Griffe befestigt waren, besaß die Kommode eine makellose Oberfläche. Sie mußte nur mit Terpentinersatz und feiner Stahlwolle abgeschliffen werden, um Fett und Schmutz zu entfernen.

Ich füllte die Löcher mit Holzspachtel, die nach dem Trocknen mit Sandpapier egalisiert wurden, und strich die neuen Holzgriffe zweimal mit Holzprimer vor.

Dann habe ich die Kommode leicht mit feinem Schleifpapier abgeschmirgelt und entstaubt (siehe S. 19). Zum Schluß strich ich sie dreimal mit cremeweißer Farbe.

◁ *Das nostalgische Rosen-muster wurde girlandenförmig mit Klebe-Roller auf der Kom-mode fixiert.*

▽ Als ich mich vergewissert hatte, daß keine Luftblasen oder Falten entstanden waren, überprüfte ich, ob alle Ränder sicher hafteten, und wischte überschüssigen Leim mit einem warmen, feuchten Tuch weg.

Dekorieren

Ich ordnete die Papiermotive auf der Kommode und fixierte sie vorläufig mit Klebe-Roller; dann verge-wisserte ich mich, daß mein Muster aus jedem Win-kel gut aussah.

Dann entfernte ich die Teile Stück für Stück, be-strich sie mit Leim und klebte sie wieder an ihren Platz.

Nachdem alle Motive aufgeklebt waren, glättete ich sie mit dem Roller und wischte überschüssigen Kleb-stoff mit einem warmen, feuchten Tuch weg.

Nun erhielt die Kommode zwei Lackschichten; als die zweite trocken war, schmirgelte ich die Ober-fläche wieder leicht ab.

Nach dem Entstauben wurde die Kommode so lan-ge lackiert, abgeschliffen und entstaubt, bis die Pa-piermotive völlig versenkt und nicht mehr zu spüren waren.

Zum Schluß patinierte ich sie mit Reißlack und Krakeliermittel (siehe S. 25). Nach dem Trocknen wurde sie einmal mit Kunstharzlack überzogen und gewachst (siehe S. 24). Von Zeit zu Zeit wiederhole ich die Wachsung, um den Glanz zu erhalten.

Nähkasten

Der einzige Schönheitsfehler bei diesem Nähkasten war ein gesplittertes Bein, das sich leicht mit Holzleim reparieren ließ (siehe S. 11). Davon abgesehen war er ideal für Découpage-Arbeiten, denn er besaß viele Paneele, die von der Hauptstruktur gerahmt wurden. Er sollte ein pastellfarbenes Zimmer schmücken, und deshalb paßten die Primeln der Aquarellzeichnung hervorragend dazu.

Vorbehandlung

- Stahlwolle, fein
- Terpentinersatz
- Sandpapier, feine Körnung
- Staubtuch, fusselfrei
- Ölfarbe, cremeweiß, Mittelglanz
- Pinsel
- Acrylfarbe, grün und gelb, und Material zum Auftupfen (S.26/27)

Dekorieren

- Papier-Ausschnitte
- Klebe-Roller
- Weißleim
- feuchter Lappen
- Acryllack
- Pinsel
- Staubtuch, fusselfrei
- Kunstharzlack, transparent, hochglänzend
- Sandpapier, feine Körnung

▲ *Mir gefielen die vielen Paneele zum Anordnen der Motive, aber ich mußte die Metallgriffe gegen hölzerne austauschen, die gestrichen wurden und sich in das Gesamtbild einpaßten.*

▶ *Zum Abschmirgeln benutzte ich einen Schleifschwamm, mit Sandpapier umwickelt. Es gilt, stets in Richtung der Maserung zu arbeiten. Die Bewegung sollte nicht aus dem Handgelenk, sondern aus dem ganzen Arm und der Schulter heraus erfolgen.*

Vorbehandlung

Als erstes schliff ich den Nähkasten mit feiner Stahlwolle und Terpentinersatz ab, um Politurreste und Schmutz zu entfernen. Danach wurde er mit feinem Sandpapier bearbeitet und gründlich abgestaubt (S. 19).

Da der Kasten häufig benutzt werden würde, strich ich ihn fünfmal mit verdünnter Ölfarbe (siehe S. 11); nach der zweiten und jeder weiteren Schicht wurde die Oberfläche wieder leicht nachgeschliffen und entstaubt.

Der Kasten wirkte nach dem Streichen formlos. Er gewann Kontur, als ich Rahmen und Deckelkante mit dem Schwamm marmorierte (siehe S. 26).

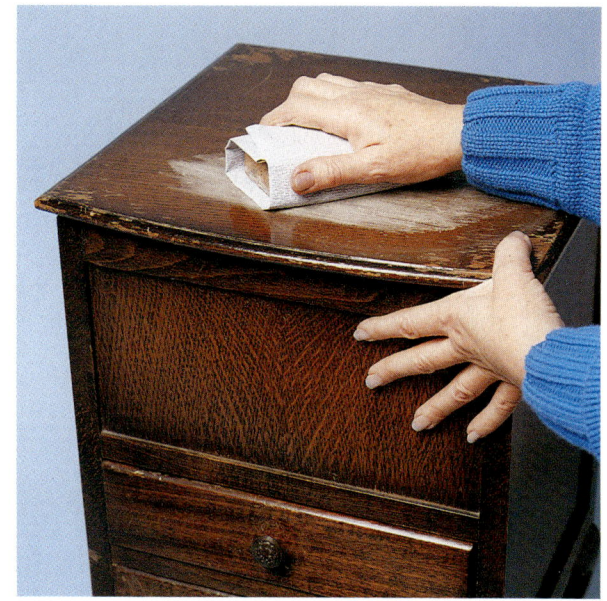

Dekorieren

Ich befestigte die Papier-Ausschnitte mit Klebe-Roller auf dem Nähkasten; als ich zufrieden war, entfernte ich die Teile Stück für Stück, bestrich sie mit Leim und klebte sie wieder an ihren Platz. Da sie klein waren, drückte ich sie mit der sauberen Fingerspitze und einem feuchten Tuch an.

Nachdem ich alle Motive auf lose Ecken überprüft hatte, überzog ich den Kasten mit zwei bis drei Acryllack-Schichten, die ich dann wieder leicht abschmirgelte und abstaubte (siehe S. 19). Danach wurde er so lange lackiert, abgeschliffen und entstaubt, bis die Papiermotive völlig versenkt und nicht mehr zu spüren waren.

Der Nähkasten mußte 24 Stunden trocknen, bevor er eine letzte, glänzende Kunstharzlack-Schicht erhielt.

▲ *Da die Motive viele gerade Ränder hatten, benutzte ich Schneidbrett und Federmesser. Mit der großen Schere wurde das Blatt in handliche Teile geschnitten.*

◀ *Ich verbrachte Stunden damit, das Design immer wieder neu zu arrangieren und mit Klebe-Roller zu fixieren. Es gefiel mir erst, als ich Schmetterlinge und Libellen hinzufügte.*

Servierwagen

Bei diesem Servierwagen durfte ich schwelgen, wie immer, wenn Engel im Spiel sind. Manche Menschen haben eine Schwäche für Katzen, Enten oder sogar Schweinchen-Motive, ich mag Engel und würde am liebsten alles damit schmücken. Es scheint, als fühlten sie sich auf den himmelblauen Tabletts, die durch aufgetupftes Gold eine ätherische Note erhielten, in ihrem Element.

Vorbehandlung
- Sandpapier, mittlere und feine Körnung
- Staubtuch, fusselfrei
- Holzprimer (Haftgrund)
- Ölfarbe, weiß, Mittelglanzglasur
- Pinsel
- Terpentinersatz (zum Reinigen der Pinsel)
- Marmeladenglas
- blaue Lasur (S. 26 / 27)
- Stück Naturschwamm
- Gummiarabikum (oder Anlegeöl als Haftmittel) und Gold/Bronzepulver oder goldene Acrylfarbe

Dekorieren
- Acryllack zum Versiegeln
- Papier-Ausschnitte
- Klebe-Roller
- Weißleim
- Roller
- Lappen, weich, fusselfrei
- Acryllack
- Sandpapier, feine Körnung
- Staubtuch, fusselfrei
- Bootslack

Vorbehandlung

Der Servierwagen hatte mehrere so schadhafte Farbschichten, daß sie von der Ablaugerei entfernt werden mußten, bevor ich die rostigen Scharniere (ganze 16, denn der Servierwagen ist zusammenklappbar) entfernen und das Ganze zuerst mit mittlerem, dann mit feinem Sandpapier abschmirgeln konnte.

Nach dem Entstauben strich ich ihn zweimal mit Holzprimer und dreimal mit weißer Farbe. Zwischen den einzelnen Schichten mußte er gemäß Hersteller-Anleitung trocknen und wurde außerdem wieder leicht angeschliffen und gut abgestaubt.

Als die Grundierung völlig trocken war, strich ich alle Teile mit blauer Lasur (siehe S. 26/27), die ich mit einem kleinen Stück Naturschwamm wieder wegtupfte (siehe S. 26)

Die Lasur mußte 24 Stunden trocknen. Dann wurden die Tabletts sehr leicht mit Goldfarbe betupft (siehe S. 27).

◄ Die vielen schadhaften Farbschichten des Servierwagens wurden von der Ablaugerei entfernt. Danach enthüllte er 16 stark verrostete Scharniere, die ich durch neue aus Messing ersetzte.

◁ *Die aufgepinselte blaue Lasur wurde mit einem Stück Naturschwamm wieder weg-getupft. Ein synthetischer Schwamm hinterläßt ein zu gleichförmiges Muster.*

▷ *Mit einer Mischung aus Gummiarabikum und Bronze-pulver wurde sparsam Gold auf den blauen Hintergrund getupft. Sie können aber auch verdünnte, goldene Acrylfarbe verwenden. Sie trocknet bei-nahe sofort, hat aber weniger Glanz als Bronzepulver.*

Dekorieren

Der Servierwagen wurde mit Acryllack überzogen, um das Bronzepulver zu versiegeln. Dann arrangier-te und fixierte ich die Papiermotive mit Klebe-Roller, bis mir das Muster von allen Seiten gefiel.

Danach entfernte ich jedes einzelne Teil, bestrich die Rückseite mit Leim und klebte es wieder an sei-nem Platz fest. Über die größeren Motive fuhr ich mit dem Roller, um überschüssigen Klebstoff auszu-drücken und Falten zu glätten. Die kleineren wurden mit der sauberen, klebstofffreien Fingerspitze ge-glättet.

Zum Schluß überprüfte ich die Ränder und wisch-te mit einem warmen, feuchten Tuch über das De-sign, um überschüssigen Klebstoff zu entfernen.

Nach dem Trocknen überzog ich den Servierwagen zwei- bis dreimal mit Acryllack, der dann sehr sanft wieder abgeschliffen und entstaubt wurde (siehe S. 19).

Danach wurden weitere Lackschichten aufgetragen und die Oberfläche immer wieder vorsichtig ange-schliffen und gründlich abgestaubt, bis die Papier-motive völlig versenkt und nicht mehr zu spüren waren. Zum Schluß versiegelte ich den Servierwagen mit Bootslack.

△ *Das zentrale Motiv und einige der größeren Engel wurden mit dem Roller fixiert und geglättet; für die kleineren Elemente war die saubere Finger-spitze ideal. Überschüssiger Klebstoff wurde mit einem warmen, feuchten Tuch weggewischt.*

Besteckkasten

Solche alten Besteckkästen findet man häufig, oft ohne Besteckablage und mit gesplittertem, aufgeworfenem Furnier. Dieser war keine Ausnahme, aber ich beschloß trotzdem, ihm zu einer Wiedergeburt zu verhelfen, komplett mit Perlmutt-Intarsien und moiriertem Seidenfutter. Die zum Perlmutt passenden, blassen Farben der Blüten, die sich über den Rand ergießen, um die strengen Linien des Kastens zu mildern, heben sich reizvoll gegen den schwarzen Hintergrund ab.

Vorbehandlung
- Spachtelmesser
- Holzleim
- Holzspachtel (Holzkitt oder -paste)
- Sandpapier, feine Körnung
- Staubtuch, fusselfrei
- Dispersionsfarbe, schwarz
- Pinsel

Dekorieren
- Papier-Ausschnitte
- Klebe-Roller (S.25)
- Zeichenpapier und Bleistift
- Perlmutt-Streifen
- kleine, scharfe Schere
- weiße Kreide
- Weißleim
- Lappen, weich, fusselfrei
- Wattestäbchen
- Acryllack zum Versiegeln
- Dispersionsfarbe, schwarz
- Kunstharzlack
- Stahlwolle, fein
- Terpentinersatz

Vorbehandlung

Als ich den Besteckkasten erbte, hatte man ihn bereits mit Lackabbeizer behandelt, was vermutlich für den Zustand verantwortlich war, in dem er sich befand.

Zum Kleben schob ich ein mit Holzleim bestrichenes Spachtelmesser zwischen Furnier und Körper des Kastens. Während des Trocknens stellte ich ein altes Plätteisen darauf, aber jeder schwere Gegenstand ist geeignet.

Dann füllte ich die vielen kleinen Löcher und Kerben mit Holzspachtel; nach dem Trocknen wurde der ganze Kasten mit feinem Schleifpapier abgeschmirgelt.

Nach dem Entstauben (S.19) trug ich sechs Schichten Dispersionsfarbe auf; nach der zweiten und jeder weiteren wurde die Oberfläche wieder leicht angeschliffen und gut abgestaubt.

Dekorieren

Ich arrangierte die Motive auf dem Kasten und fixierte sie fürs erste mit Klebe-Roller.

Als mir die Anordnung gefiel, fertigte ich eine grobe Skizze vom Kasten und der Position der Ausschnitte. Dann wurden die Perlmutt-Stücke in sehr heißem Wasser eingeweicht, damit sie beim Schneiden weniger zerbrechlich waren.

Ich wollte einige Teile der Papiermotive, wie Blätter, Blüten und Schmetterlingsflügel, durch Perlmutt ersetzen. Ich nahm jedes Motiv einzeln hoch, schnitt den zu ersetzenden Teil ab und legte es wieder an seinen Platz zurück.

Ich benutzte die abgeschnittenen Teile als Scha-

blone, legte sie auf das Perlmutt und schnitt die Form rundum aus. Dann befestigte ich den Perlmutt-Ersatz mit Klebe-Roller auf dem Kasten.

Als alle Teile ausgetauscht waren, nahm ich die Papierteile hoch und numerierte sie auf der Rückseite; die Zahl trug ich an entsprechender Stelle in der Skizze ein.

Die Perlmutt-Teile blieben auf dem Kasten; ich zeichnete die Konturen jedes einzelnen mit Kreide

▲ *Nachdem ich das Furnier geklebt und alle Kerben und Löcher egalisiert hatte, wurde der Kasten abgeschliffen und sechsmal mit leicht verdünnter Dispersionsfarbe gestrichen (siehe S. 11).*

▶ *Nach dem Anordnen der Motive, die fürs erste mit Klebe-Roller fixiert wurden, fertigte ich eine grobe Skizze vom Kasten, um die Teile nach Aufkleben des Perlmutts zuordnen zu können.*

nach, bevor ich sie entfernte, die Rückseite mit Leim bestrich und sie wieder an ihren Platz klebte. Sie wurden mit der sauberen Fingerspitze fest angedrückt und Klebstoffreste und Kreidemarkierungen mit einem warmen, feuchten Lappen entfernt. Dann mußte der Kasten mehrere Stunden gut durchtrocknen.

Nach dem Trocknen des Klebstoffs strich ich den Kasten erneut mit schwarzer Dispersionsfarbe, die ich sofort mit einem in warmes Wasser getauchten, ausgedrückten Wattestäbchen vom Perlmutt wegwischte.

Als die Farbe trocken war, wurde der Kasten mit Klarlack versiegelt, wobei ich die Perlmutt-Teile wieder mit einem Wattestäbchen säuberte.

Nun konnte ich die Papiermotive an entsprechender Stelle rund um das Perlmutt aufkleben. Die Skizze diente dabei als Orientierungshilfe.

Zum Schluß erhielt der Kasten sechs Klarlackschichten; die Oberfläche wurde nach der dritten und jeder weiteren Schicht sehr vorsichtig mit feiner Stahlwolle angeschliffen und der Staub auf dem Perlmutt mit einem Wattestäbchen entfernt, das ich in Terpentinersatz getaucht und ausgedrückt hatte.

Dann lackierte ich den ganzen Kasten, einschließlich Perlmutt, ein letztes Mal.

▶ *Perlmutt ist sehr zerbrechlich und sollte vor dem Schneiden eine oder zwei Minuten in heißem Wasser eingeweicht werden, damit es weicher wird. Es kühlt schnell aus, so daß ich es immer wieder in heißes Wasser tauchen mußte.*

◀ *Dispersionsfarbe trocknet ziemlich schnell; sie wurde daher baldmöglichst mit einem warmen, feuchten Wattestäbchen vom Perlmutt entfernt.*

Potichomanie-Glas

Wenn Ihnen der Name gefällt, können Sie in dem hübschen Glas z. B. Ihr Badesalz aufbewahren. Potichomanie ist eine (orientalische) traditionelle Spielart der Découpage, die auf die zweite Hälfte des letzten Jahrhunderts zurückgeht. Manche behaupten sogar, sie sei noch älter.

Dekorieren

- kleine Papier-Ausschnitte
- Klebe-Roller
- Weißleim
- kleines Stück Schwamm
- Ölfarbe, Mittelglanz-glasur
- Malpinsel, Marderhaar, mittlere Größe
- Terpentinersatz (zum Reinigen des Pinsels)

Ausschlaggebend für die Wahl dieses Glases war, daß diese Sorte überall erhältlich ist und eine so weite Öffnung hat, daß man leicht die Hand hineinstecken kann. Wenn Sie kleine Hände und viel Geduld haben, können Sie die eleganten, bauchigen Glasbehältnisse nehmen, die im 19. Jahrhundert groß in Mode waren. Um dem Glas ein authentisches Aussehen zu verleihen, müßten Sie alte orientalische Figuren als Motiv wählen. Rosenbildchen (siehe S. 10) wirken jedoch genauso dekorativ.

◁ *Ich wählte ein Glas, dessen Öffnung groß genug war, um meine Hand hineinzubringen. Es sollte innen gut poliert und absolut staub- und fettfrei sein.*

▶ *Die Papiermotive wurden fürs erste mit Klebe-Roller auf der Außenseite des Glases befestigt.*

▽ *Nach dem Trocknen strich ich die Innenseite in kurzen Streifen, spiralförmig vom Boden ausgehend, wobei der Marderhaarpinsel nur leicht über die Ränder der Papiermotive nach außen glitt. Ich ging sehr sparsam mit der Farbe um, so daß an den Seiten nichts heruntertropfen konnte. Die erste Schicht mußte 24 Stunden trocknen, bevor ich die zweite auftrug.*

▲ *Als ich mit dem Muster zufrieden war, entfernte ich die Motive einzeln, bestrich die Vorderseite mit Leim und klebte sie auf den gleichen Platz, jedoch innerhalb des Glases. Dann drückte ich sie kräftig mit den Fingerspitzen an und vergewisserte mich, daß alle Ränder vollständig hafteten.*

Dekorieren

Ich vergewisserte mich, daß die Innenseite des Glases staub- und fettfrei war, indem ich sie mit einem weichen Tuch polierte. Dann arrangierte ich die Papiermotive auf der Außenseite und fixierte sie fürs erste mit Klebe-Roller.

Als ich zufrieden war, entfernte ich sie Stück für Stück und bestrich die Vorderseite mit Leim, bevor ich sie auf ihrer alten Position anklebte, jedoch auf der Innenseite des Glases. Dann drückte ich sie kräftig mit den Fingerspitzen fest und achtete darauf, daß die Ränder vollständig hafteten.

Als alle Motive auf Innenseite und Deckel klebten, wischte ich den überschüssigen Klebstoff auf der Rückseite von Druck-Motiven und Glas mit einem Schwämmchen weg, das ich in heißes Wasser getaucht und ausgewrungen hatte.

Nach dem Trocknen strich ich die Innenseite in kurzen Streifen, spiralförmig vom Boden ausgehend, wobei der Marderhaarpinsel nur leicht über die Ränder der Papiermotive nach außen glitt. Ich ging sehr sparsam mit der Farbe um, so daß an den Seiten nichts heruntertropfen konnte.

Die erste Schicht mußte 24 Stunden trocknen. Sie sah ziemlich scheckig aus, aber die zweite deckte hervorragend.

Fries

Wenn Sie einem Zimmer eine besondere, persönliche Note verleihen wollen, sollten Sie es mit einem Fries nach Maß versehen. Die herumtollenden Engel stammen aus einer winzigen Schwarzweißillustration in einem Buch, die ich auf dem Fotokopiergerät vergrößern und vervielfältigen ließ.

Vorbehandlung der Wände
- Meterstab
- Kreide
- Grundierfarbe
- Anstrichpinsel
- Weißleim

Fertigen des Zierstreifens
- Schwarzweißzeichnung, Illustration oder Druck
- Linienpapier, 1 Bogen
- Klebe-Roller
- Bogen dünner, weißer Karton
- Weißleim
- Dispersionsfarbe
- Abtönfarben
- Malpinsel, Marderhaar

Das ursprüngliche Design wurde zurechtgeschnitten, auf Kartonstreifen angeordnet und mit Dispersions- und Abtönfarben bemalt, so daß es dem Grundton der Wand entsprach. Von den bemalten Streifen ließ ich so viele Farbkopien fertigen, daß sie ein fortlaufendes Fries rings um den Raum ergaben. Das Endergebnis war sehr zufriedenstellend.

Der obere Teil des Eßzimmers ist mit matter Dispersionsfarbe gestrichen; unten sind die Wände mit Ölfarbe behandelt, die verdünnt und mit einem zusammengerollten Tuch über der grundierten Fläche abgerollt (Wickel-Technik) wurde. Doch jeder Untergrund, einschließlich Tapete, eignet sich für ein Fries, solange er sauber und relativ glatt ist.

Zuerst mußte ich ausmessen, wo die Trennlinie zwischen dem schlichten oberen und dem dekorier-

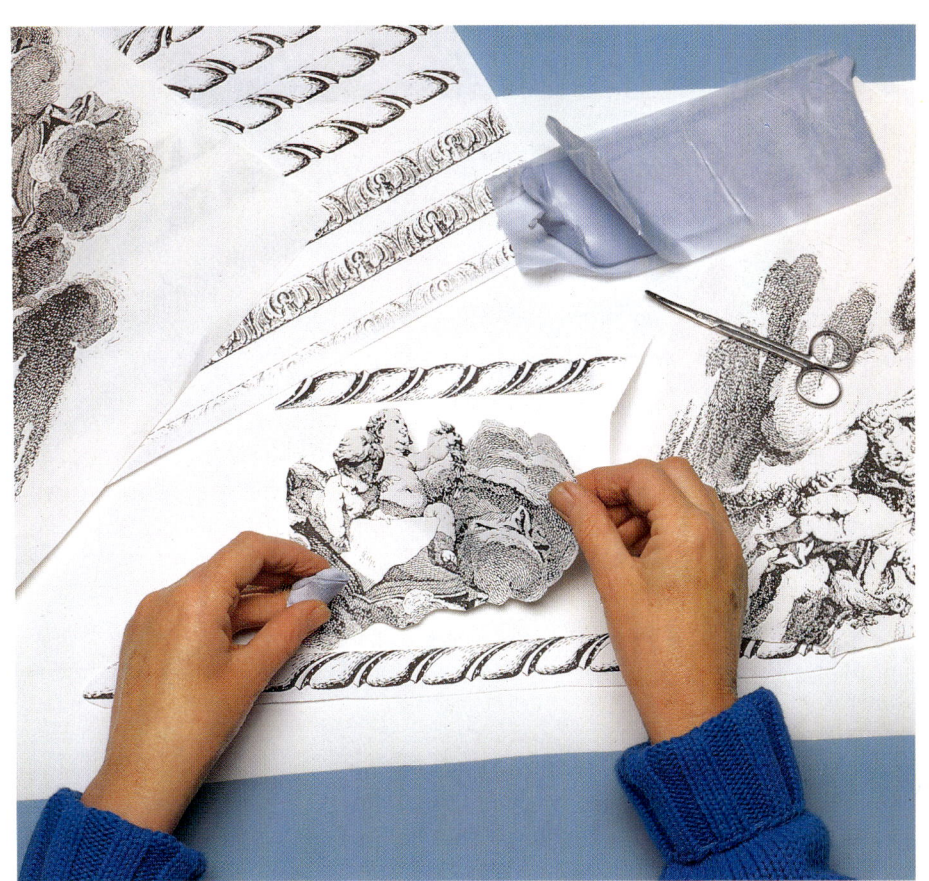

◁ *Trotz der angeblichen Schwierigkeit, Pastellzeichnungen zu fotokopieren, schaffte ich es. Dann schnitt ich die weißen Kanten ab, bevor ich das Motiv in Position klebte.*

▲ *Mein Fenster-Problem ließ sich mit einem Meterstab und Kreide lösen: Die Höhe des unteren Wandteils wurde rundum ausgemessen und markiert.*

ten unteren Teil der Wand verlaufen sollte, da ich sie vollständig mit dem Fries verdecken wollte. Erschwerend kam hinzu, daß mein Eßzimmer zwei Fenster in unterschiedlicher Höhe hat, so daß ich aufpassen mußte, daß mein Fries nicht an ungeeigneter Stelle darauf traf.

Fast jeder Raum wirft architektonische Probleme auf, die sich aber mit ein wenig Findigkeit lösen lassen. Der eigentliche Trick besteht darin, sie beizeiten zu erkennen.

Zum Glück ließ sich mein Fenster-Problem mit Meterstab und Kreide leicht lösen; die Höhe des unteren Wandteils wurde rundum vermessen und markiert. Dann strich ich die Wände und ließ sie gründlich durchtrocknen, bevor ich die Linien für die Friesober- und -unterkante einzeichnete, so daß ich einen exakten Wandstreifen für die Plazierung hatte.

Da ein Teil des Streifens mit poröser Dispersionsfarbe gestrichen war, versiegelte ich den gesamten Friesbereich durch Aufpinseln einer Mischung aus Weißleim und Wasser (zu gleichen Teilen) und ließ ihn trocknen.

Diese Vorbehandlung ist erforderlich, wenn Ihre Wände mit Dispersionsfarbe gestrichen oder tapeziert sind. Sie entfällt bei einem Anstrich mit Ölfarbe.

Farbkopien sind teuer, vor allem, wenn Sie ein Fries für einen großen Raum fertigen wollen. Deshalb sollten Sie es so anordnen, daß mehr als ein Streifen auf dieselbe Seite gedruckt werden kann.

Ein DIN-A 3-Blatt Fotokopierpapier mißt ca. 41 × 29,5 cm, aber das Kopiergerät läßt rundum einen schmalen Rand unbedruckt, so daß Ihr Design die Seite nicht ganz ausfüllen sollte.

Als ich die Ausmaße meines Musters ausgetüftelt hatte, zeichnete ich die Streifen auf Karton und Linienpapier. Da meine ursprüngliche Schwarzweißillustration zu klein für mein Fries war, ließ ich sie auf dem Kopierer entsprechend vergrößern, bis sie genau paßte.

Danach wurden die Teile ausgeschnitten und auf den Linienpapier-Streifen arrangiert, bis mir das Design gefiel, das ich fürs erste mit Klebe-Roller fixierte.

Ich achtete auch darauf, daß die Motive vom Ende eines Streifens zum Anfang des nächsten gerade und ohne sichtbare Veränderung der Reihenfolge verliefen. Danach wurden sie auf den Karton gelegt und mit der Mischung aus Weißleim und Wasser festgeklebt.

Beim Bestreichen erhielt auch die Vorderseite eine Leimschicht, damit sie versiegelt war und sich beim Trocknen nicht wellte. Als alles fest haftete, ließ ich das Fries gut durchtrocknen.

Danach wurde es mit leicht verdünnter Dispersionsfarbe im gleichen Ton wie der obere Wandteil gestrichen. Die Dispersionsfarbe war gerade dünn genug, daß die Schwarzweißillustration durchschimmerte.

Die Dispersionsfarbe mischte ich dann mit dunklerer Abtönfarbe, um bestimmte Flächen zu schattieren. Danach rührte ich ein wenig Weiß in die ursprüngliche Dispersionsfarbe und malte die helleren Bereiche aus. Glanzlichter setzte ich mit reinem Weiß

auf. Das Ergebnis war ein einfarbiges Fries, das einem Relief ähnelte.

Mein Fries war in Pastelltönen gehalten, mit denen man ein gutes Ergebnis erzielt, auch wenn kräftigere Farben beim Fotokopieren markanter sind.

Nach dem Fotokopieren schnitt ich die weißen Ränder ab und klebte das Design mit leicht ver-

dünntem Weißleim in derselben Technik an die Wand (Rückseite und Vorderseite mit Weißleim bestrichen, wie beim Fixieren auf Karton).

Mit dem Leim auf der Vorderseite versiegelt und schützt man das Fries. Nun bleibt nichts mehr zu tun – außer einen Schritt zurücktreten und das eigene Werk bewundern!

◄ *Die Dispersionsfarbe wurde mit dunklerer Abtönfarbe gemischt, um bestimmte Flächen zu schattieren. Dann rührte ich ein wenig Weiß in die ursprüngliche Dispersionsfarbe und malte die helleren Bereiche aus. Glanzlichter setzte ich mit reinem Weiß auf. Das Ergebnis war ein einfarbiges Fries, das einem Relief ähnelte.*

Register